RUDOLF STEINER

Aus der Akasha-Forschung. Das Fünfte Evangelium

アカシャ研究による
第五福音書

危機の時代の人智学

1

ルドルフ・シュタイナー

高橋 巖［訳］

春秋社

目次

アカシャ研究による　第五福音書　全五講

クリスティアニア　一九一三年一〇月一日～六日

キリストと人間の魂　全四講

ノルチェピング　一九一四年七月一二日～一六日

アカシャ研究による　第五福音書

アカシャ研究による

第 五 福 音 書

全 五 講

クリスティアニア（オスロ）にて

1913年10月 1 日～10月 6 日

Aus der Akasha-Forschung.

Das Fünfte Evangelium

第一講

一九一三年一〇月一日

これからお話ししようとするテーマは、こんにちの時代、こんにちの状況との関連で特別重要なテーマだと思います。あらかじめ申し上げておけば、このテーマが「第五福音書」を内容としているからといって、センセーションを引き起こすつもりはありません。現代を生きる私たちにとって、この問題が特別重要だからこそ、第五福音書について語るのだ、と私は思っています。そしてこのテーマのためには、実際、「第五福音書」以上にふさわしい表題はないのです。

これからお話しするように、この第五福音書の内容は、今のところまだ文書としては存在していません。しかし必ず将来、いつかは一定の文書としても存在することになるでしょう。この第五福音書は他の四つの福音書と同じくらい古いのです。

しかし第五福音書について語るために、今日《きょう》は一種の導入として、この福音書を理解するのに必要な、いくつかの重要な問題を取り上げておかなければなりません。

まず申し上げたいのは、それほど遠くないいつか、すでに小学校においても、歴史をこれまでとは違う仕方で扱うようになるであろう、ということです。必ず――明日から具体的に証拠となる事柄を取り上げるつもりですが――必ず、キリスト像が将来の歴史教育の中で、すでに小学校の歴史授業においても、これまでとはまったく異なる、もっと重要な役割を演じるようになるでしょう。

こう言うと、随分矛盾したことを申し上げることになってしまいます。そのことは十分心得ているつもりですが、しかし考えてみて下さい。かつて、それほど遠くない過去において、無数の人びとの魂が、ヨーロッパ西方諸国において、素朴な人も学識者も、こんにちの場合よりもはるかに深い思いをキリストに向けていたのです。現代の書籍を見廻して、現代人がどんなことに興味をもち、何に心を奪われているかを考えてみると、キリストの姿に対する熱狂、感動は、特に時間をかけて知識の修得に努めた人びとの場合、薄れてしまっているのです。このことと、私が今強調したように、遠くない将来、キリストのイメージが人類史の考察の中でこれまでよりも遥かに重要な役割を演じるようになるということとは確かに矛盾しているように思えます。完全に矛盾している、と言ってもいいでしょう。

そこで今、この問題の別の側面に眼を向けてみましょう。このクリスティアニアにおいても、これまで何度もキリスト存在の意味と内容についてお話しする機会がありました。今この会場に並んでいる書籍、講義録の中にも、キリスト存在の秘密について、霊学的観点からのいろいろな考えを読むことができます。そしてキリスト存在並びに諸世紀にわたって働き続けるキリスト衝動を完全に理解しようとするには、もっとも深い概念、観念、理念の助けをかりなければならないのだ、と思うでしょう。私たちの講演録、講義録、著作に述べられている事柄を受容するとき、キリストについての正しい観念を得るためには、神智学または人智学のすべてを知らなければならない、とさえ思うでしょう。

けれども私たちは今、この立場から離れて、これまでの諸世紀の精神の発展に眼を向けてみますと、世紀から世紀へ、キリストの働きを理解するために、詳細な、そして根本的な学問の研究がなされてきたことにも気がつきます。キリストを理解するために、何世紀にもわたって、人びとは自分の最高の、そしてもっとも意味深い諸理念を用いてきたのです。ですから、このことからも明らかなように、キリストを理解するために、人びとは、もっとも意味深い知的活動を行ってきたのです。キリストを理解するには、そうしなければならなかったかのようなのです。けれども本当にそうなのでしょうか。そんなことはありません。単純なひとつの事実を知るだけでもそのことは明らかです。

ひとつの霊的な天秤を考えてみて下さい。そしてその一方の皿の上に、キリストを理解するために役立ってくれた従来の教養、学問、あるいは人智学的キリスト理解を置き、もう一方の皿の上に、数世紀にわたってキリストを志向するいっさいの深い感情、内密性を置くのです。そうしたらキリストを理解するためのいっさいの教養、学問、いっさいの人智学でさえも、びっくりするほど軽くはね上ってしまい、そしてキリスト存在へ向けた深い感情を受けた皿は、深く深く沈むでしょう。途方もない働きがキリストから出ており、そしてこの働きに対しては、キリストについての知識はごくわずかな役にしか立っていない、と言っても言い過ぎではないのです。

キリストの教えを正しく理解しようと思ったら、中世の、スコラ学の、あるいは教父たちについての学問的な研究をいくらしても、またはキリストの理念をいくら人智学によって理解しようとしても、駄目でしょう。そういう努力をいくら重ねても、得るところは少ないでしょう。とらわれることなく、何世紀にもわたってキリスト教の歩みを辿ってきた人なら、私がこう言ったからといって、真剣に反論したりはしないと思いますが、なぜ私が今そう言うのか、別の面からもっと具体的に申し上げようと思います。

まだキリスト教が存在していなかった時代をふり返って、ここにいらっしゃるたいていの人にとって身近かな例を取り上げてみます。古代ギリシアの悲劇、特に初期の悲劇を思い出して下さい。そこでは戦う神が、または魂の中に戦う神を担っている人間が描かれています。いわば神の働きが舞台から直接眼に見える形で降りてくるかのようです。またはホメロスの詩がいかに霊的な働きに浸透されているか、考えて下さい。ソクラテス、プラトン、アリストテレスの偉大な姿を考えて下さい。

こういう名前と共に、最高の種類の霊的生活が私たちの心に思い浮かびます。他のすべてを忘れて、キリスト教成立より数世紀前のアリストテレスの姿に眼を向けてみると、それ以来、現代に到るまで、それ以上の高まりも発展も考えられないような哲学が私たちの前に立っています。アリストテレスによる思考、論理性は、こんにちでも途方もない完成度を示しているので、人間の思考の最高峰に達していて、それ以上の高みへ上ることはできない、と思わざるをえないくらいです。

ここでしばらく、あしたからの話の前提となるような奇妙な場合を仮定してみようと思います。今、福音書が存在せず、キリストの姿を知る手がかりが何もなかったとしてみます。キリスト教の成立について福音書に語られていることをいっさい知らずに、キリスト教の歩みを歴史上の事実として、西暦以後の人びとの信仰生活だけに眼を向けるのです。福音書だけでなく、使徒行伝もパウロ書簡も存在せず、事実として歴史上に起こったことだけを考察するのです。もちろん、こんなことは仮定にすぎませんが、この仮定は、私たちのこれからやろうとしていることに役立ってくれます。キリスト教成立以前に、そして以後に、一体何が起こったのでしょうか。

まず南ヨーロッパに眼を向けると、キリスト以前の時代に最高の人間的な精神の輝きを知ることができます。まさにアリストテレスを代表とする高次の精神生活がその時代以降もなお、続いたのです。

実際、キリスト教が成立した時代にも、南ヨーロッパでは数多くの人がギリシアの精神生活を受容していました。キリスト教の烈しい敵対者であったケルススもそうでしたし、その後も、キリスト教の発展と時を同じくして、南ヨーロッパのギリシア半島、イタリア半島では、二、三世紀まで最高の精神的教養を身につけた数多くの人たちが、プラトンの高次の諸理念を身につけていました。この人たちの透徹した理解力は、アリストテレスの透徹した理解力を引き継いでいるようでした。ギリシアの教養を身につけた人たち、ギリシアの繊細な精神性にローマの個人的、攻撃的な性質をつけ加えている、ギリシア的教養を身につけたローマ人たちが数多く存在していたのです。

キリスト衝動は、こういう世界に向って働きかけました。この衝動の代表者たちは知性、世間知について言えば、まるで無教養な人たちでした。数多くの教養あるローマ＝ギリシア人に較べてみるならば、です。

無教養な人びとが知性を最高に育てあげた世界の真っ只中に入っていったのです。そこに私たちは非常に注目すべきドラマを目にするのです。初期キリスト教の担い手だったこの素朴な人たちが、南ヨーロッパで、かなりの速さで影響を拡げていくのです。私たちが今、例えば人智学を通して、キリスト教の本質を理解し、その上でキリスト教を普及させたこの素朴な人たちに眼を向けるなら、こう言うことが許されるでしょう。――この素朴な人たちはキリストの本質について――私たちは人智学によって学ぶことのできた偉大な宇宙神としてのキリストのことを考える必要はありません。もっとずっと素朴なキリストのことを考えるだけでも、当時のキリスト衝動の担い手たちが高次の発達を遂げたギリシア的教養世界に身を置いたとき――、この素朴な人たちは、キリストの本質について何ひとつ理解していなかったのです。

この人たちがギリシア人、ローマ人の社会生活の広場で語ったとき、愛するキリストとの個人的な関係を通して身につけた、人間としての内面性以外の何ものも持っていなかったのです。実際、この人たちは、このキリストとの個人的な関係を、愛する家族の一員を愛するように愛していたのです。当時のギリシア人、ローマ人の社会に、現在まで続いているキリスト教を持ち込んだ人たちは、学識ある神学者でも神智学者でもありませんでした。教養人ではなかったのです。当時の教養ある神智学者だったグノーシス派の人たちは、キリストについて高度の理念にまで達していましたが、この人たちが提供できたのは、天秤の軽くはね上がるほうの皿に置かれるものだけでした。グノーシス派のキリスト教だったら、決して世界に広まることはなかったでしょう。東方から生じて、比較的短期間に古代のギリシア文化、ローマ文化を衰退に導いたのは、特別に育成された知性だったのではありません。以上がもう一方から見た事柄の本質です。

一方には、知的に高い地位にある人たちがいます。キリスト教に敵対していたケルススから哲学の帝王マルクス・アウレリウスに到るまでの人たちです。こんにちの人がキリスト教を非難するときに取り上げるすべての論点を、当時すでにケルススは取り上げていたのです。また、当時の優れた新プラトン主義者の思想に較べると、こんにちの哲学は児戯に等しいのです。視野の広さ、高さにおいて、この思想はこんにちの諸思潮をはるかに凌駕しているのです。

けれども、これらの思想家たちがキリスト教を批判するときの論点のすべてをふまえて、ギリシア的、ローマ的な知性がギリシア哲学の立場からキリスト教を批判する声に耳を傾けるなら、この人たちは誰もキリスト衝動が分かっていない、と思わざるをえないのです。

キリスト教は、キリスト教の本質を何も理解していない人たちによって普及しました。そしてこのキリスト教が批判されるときも、キリスト衝動の意味を何も理解できずにいる高次の文化によって批判されるのです。奇妙なことに、キリスト教は、その擁護者も敵対者も、キリスト教本来の精神を何も理解しないままに世に出たのです。そしてそれにもかかわらず、人びとはこのキリスト衝動を世界に普及させる力を魂の中に担っていたのです。

そこで有名な教父テルトゥリアヌスのような、キリスト教の擁護者の場合を見てみましょう。彼はローマ人であり、彼の言葉を見てみると、実際ラテン語のほとんど新しい創造者だと思いたくなるほどの確かさをもって、新しい表現を行い、この人の卓越した人格を私たちに知らしめているのです。

けれどもあらためて、彼がキリスト理念をどう捉えていたかを問おうとしますと、印象ががらっと変わります。そして、この人物の知性が本来あまり霊的な高みを示していない、と思わずにはいられなくなります。キリスト教の擁護者たちも、キリストの本質をあまり理解しているとは思えないのです。それにもかかわらず、テルトゥリアヌスのようなキリスト教の擁護者たちは、人格として有効な働きをしたのです。ギリシアの教養ある人びとはあまり有効な働きができなかったのですが。

テルトゥリアヌスの働きは感動的でしたが、彼は何を通してそのような働きをしたのでしょうか。それが問題なのです。この点に大切な問題があることをどうぞ感じとって下さい。キリスト衝動の担い手たちは、本来キリスト衝動とは何かをあまり理解していなかったのですから、いったい何を通して働くことができたのでしょうか。オリゲネスに到るまでのキリスト教の初期教父たちは、何を通して有効な働きをすることができたのでしょうか。この人たちがキリスト衝動をあまりよく理解していたとは思えないのに、です。オリゲネスほどの優れたギリシア

＝ローマ的な教養を身につけた人たちでさえ理解できなかったキリスト衝動の本質とは、何だったのでしょうか。こういうすべてをどうとればいいのでしょうか。

しかし、もっと先へ行きましょう。歴史の流れをさらに先まで辿っていくと、同じ現象がもっと鋭い仕方で、私たちの前に姿を現します。ヨーロッパ世界の内部で、数世紀にわたってキリスト教が普及していきますが、その頃のヨーロッパ諸民族は、ゲルマン民族のように、まったく別の宗教観念をもっていました。その宗教観念は、諸民族間で同じであるか、少なくとも同じように見えるのですが、一様にキリスト衝動を力一杯受容しようとしました。キリスト衝動が自分たちの本来のいのちであるかのようでした。

そして、ゲルマン諸民族においてもっとも力強い信仰の使者たちは、スコラ学的＝神学的な学識を身につけた人びとだったでしょうか。まったく違うのです。その人たちは素朴な魂をもって人びとの中に入り、素朴な仕方で、ごく日常的な、身近かな言葉で人びとに語りかけ、そして直接人びとの心をつかんだのです。この人たちは相手の心の琴線にふれる言葉を語ることができたのです。素朴な人びとがあらゆる地方へ赴き、そして最高の効果をあげたのです。

このようにして何世紀にもわたって、キリスト教は普及し続けましたが、その過程で、驚くべきことには、同じキリスト教が重要な学問、知識、哲学を生み出すきっかけになったのです。私たちはこの事情を過小評価するつもりはありませんが、しかし今、注意を向けたいのはそのことではなく、キリスト教が中世に到るまでに、それまでまったく異なる考え方、感じ方をしていた諸民族の間に広がっていったという特別の事情に、です。キリスト教はやがてこの諸民族の魂の中に生きるようになったのです。

キリスト教の普及過程は、その後それほど遠くない時代になると、もっと別の様相を示すようになります。つまり、キリスト教の普及の果実は、一定の時代になると、熱狂となってはっきりと現れたのですが、しかし近世になると、中世に見られたキリスト教への熱狂が弱まっていきました。

コペルニクスの時代である自然科学の勃興期から一九世紀までは、コペルニクス以来ヨーロッパの精神生活に働きかけてきた自然科学が、まるでキリスト教に敵対して作用してきたかのように見えるのです。外的な諸事実もこのことを裏づけています。例えば、カトリック教会はコペルニクスの名を一九世紀の二〇年代まで、いわゆる禁書目録《インデクス》に載せていました。コペルニクスを敵とみなしていたのです。しかし、これは外的な事情です。外から見ると、カトリック教会はドメニコ会士ジョルダーノ・ブルーノをも火刑に処し、コペルニクスを、ポーランドの司教座聖堂の参事であったにもかかわらず、敵とみなしたのです。

しかし、コペルニクスもジョルダーノ・ブルーノも、まさにキリスト教を通して自分の立場に達したのです。キリスト教衝動に促されて、そうしたのです。外から、教会の立場に立って、この二人の思想がキリスト教的ではないと思い込んでいる人たちは、この問題を正しく理解していません。上に述べた事情は、教会がキリスト教の成果に対して非常に無理解だったことを示しているだけなのです。コペルニクスの考えたことを、禁書目録に加えることで抑圧することなどできない、と教会が悟るのには、一九世紀になるまでの長い時が必要でした。近代においても諸民族の行なったことのすべてが、キリスト教の結果であり、成果であったことは、事柄を深く見通すことのできる人なら認めざるをえないでしょう。そしてキリスト教を通して、人々の眼差しは、コペルニクスやジョルダーノ・ブルーノのように、地球を超えて、天空の彼方の中へ向けられたのです。このこともキリスト教文化の中で、キリスト衝動を通してのみ可能だったのです。

　精神生活を表面的にではなく、深く考察する人なら、こういう言い方は矛盾しているように思えるでしょうが、そこから真実が見えてくるのです。すなわち、事柄の本質を見れば分かるように、ヘッケルのような人物は、どれほど反キリスト的な態度をとろうとも、キリスト教からでなければ、現れることはありえなかったのです。エルンスト・ヘッケルはキリスト教文化を前提にしなければ、まったくありえない人物なのです。そして近代自然科学のすべては、キリスト教にどれほど烈しく敵対していたとしても、キリスト教の申し子であり、キリスト衝動の直接の継続なのです。

近代自然科学が小児病をすべて克服し、自分の立場を首尾一貫させたとき、霊学と結びつかざるをえないこと、ヘッケルから霊学への首尾一貫した道が存在すること、このことの意味を人びとはきっと近い将来、洞察するようになるでしょう。そのことが分かれば、ヘッケルがまったくキリスト的な精神の持ち主であることが認められるようになるでしょう。たとえヘッケル自身がまったくそのことに気づいていなかったとしてもです。

キリスト衝動は、キリスト的と呼ばれるもの、呼ばれたものだけを生み出したのではなく、キリスト教の敵のようにふるまうものをも生み出したのです。事柄は、概念に従って探求するだけでなく、現実に従って探求するのでなければなりません。そうすれば、今申し上げたことを理解していただけると思います。私の小冊子『輪廻転生とカルマ』で述べたように、ダーウィンの進化論から輪廻転生思想へと、まっすぐな道が通っているのです。

この点に関して正しい立場に立つためには、キリスト衝動の働きをとらわれずに観察できなければなりません。ダーウィン主義、ヘッケル主義を理解し、まだヘッケルがまったく知らずにいたこと――しかしダーウィンには分かっていたこと――を自分の中に生かして、この二つの主義が本質的にキリスト的な運動であったこと、このことを理解する人は、必然的に輪廻転生の思想に行き着くのです。

そして、ある種の見霊的な力を助けにかかりることのできる人は、この道を辿って、人類の霊的な起源に到ることができます。廻り道になるかもしれませんが、見霊能力が加われば、ヘッケル主義から地球の起源を霊的に把握する道が見出せるのです。

しかし、次のような場合も考えられます。こんにち提示されているようなダーウィン主義を学ぶ人が、ダーウィン主義の生命諸原理そのものを生かそうとしない場合です。言い換えれば、ダーウィン主義をひとつの衝動として受けとることができても、ダーウィン主義に内在するキリスト教を深刻に感じとろうとしないならば、袋小路に陥り、キリスト教もダーウィン主義も理解しようとはせず、キリスト教の良き精神からも、ダーウィン主義の良き精神からも見放されてしまうかもしれないのです。

けれどもダーウィン主義の良き精神を認めるときには、どれほど唯物論的になろうとも、地球史の中で、人間が決して低次の動物形態から進化してきたのではないこと、霊的な起源を持っていることに気づくのです。私たちは霊的存在として、いわば地上界の上を漂っていたときの人間さえも、見るようになるのです。ダーウィン主義を首尾一貫させれば、そこにまで到るのです。

しかし、私たちがダーウィン主義の良き精神から見放されると、たとえ輪廻転生思想を受け容れたとしても、地上でのかつての転生において、人間は猿として生きていた、と信じかねません。そう信じてしまうと、ダーウィン主義の良き精神からも、キリスト教の良き精神からも見放されてしまいます。ダーウィン主義もキリスト教も、まったく理解できなくなるのです。

実際、ダーウィン主義を首尾一貫させるなら、人間をそんなふうに見るはずはないのです。そういう見方は、まったく外的な仕方で、輪廻転生の思想を唯物的な文化に組み入れた結果でしかないのです。たしかに近代ダーウィン主義からキリスト精神を剝《は》ぎ取ることができます。しかし、そうしなければ、現代においても、ダーウィン主義の衝動がキリスト衝動から生まれたことに気づくはずなのです。キリスト衝動は、人がそれを否定するところでも働いているのです。

ですからキリスト教は、はじめの数世紀の間、信者、追従者の学識とは無関係なところまで広まっていきました。中世においても、学識ある教父やスコラ派はその普及にはあまり寄与しなかったのです。現代は、もっと矛盾した状況にあります。キリスト教が、キリスト教の正反対のものになって、つまり現代の自然科学の唯物論になって現れているのです。自然科学のすべての偉大さ、すべての活動力は、キリスト衝動に由来するのです。ですから、現代の自然科学の中に存するこのキリスト衝動が、この自然科学をおのずと唯物論から超越させてくれるでしょう。

キリスト衝動は、特別なのです。この衝動を普及させるのに、知性、知識、学問、認識は必要ないのです。世界におけるその普及に必要なのは、それとはまったく違うものです。人間がそれに対してどういう考え方をしようとも、賛成するにせよ反対するにせよ、近代唯物論というその反対物に変わろうとも、キリスト教は広まるのです。

　いったいそのとき何が広まるのでしょうか。キリスト教の理念でも、キリスト教神学でもありません。キリスト教によって植えつけられた道徳感情が広まるのだ、という人もいるでしょう。しかし私たちの時代において、道徳はどのような働きをしているでしょうか。キリスト教の本当の、または思い込みの敵に対するキリスト教代表者たちの怒りを正当だと受けとる人もいるでしょう。知的に高くはない魂たちの中に働くことのできた道徳もまた、私たちをそれほど感動させません。たとえその魂たちが本当にキリスト教的な考え方をしていたときにも、私たちがその魂に眼を向けるとき、それほど深い感銘を受けるわけではないのです。

　いったいそのとき何が広まるのでしょうか。何がキリスト衝動の特別の在りようなのでしょうか。何が勝利の進軍を世界中に進めるのでしょうか。霊学に、見霊意識に訊いてみましょう。東から西へ、高度に教養ゆたかなギリシア、ローマの世界の中へ割り込んでいった無教養な人たちの中に、いったい何が働いていたのでしょうか。ゲルマン人の世界、異邦人の世界の中にキリスト教を持ち込んだ人びとの中に、何が働いていたのでしょうか。教えがいわばまだその顔を覆っている近代の唯物論的な自然科学の中に何が働いているのでしょうか。知的でも道徳的でもなかったすべての魂たちの中に、何が働いているのでしょうか。

キリストが働いているのです。人びとの魂が何世紀にもわたるキリスト教の発展を通して、自分を理解しているかどうかには関わりなく、心から心へ、魂から魂へ、世界を通して進み、そして作用することのできるキリスト自身が、です。

私たちにとって必要なのは、私たちの概念、認識から離れて、現実に向き合うことなのです。キリスト自身が何世紀にもわたって、数限りない衝動となってひそかに歩み続け、魂たちの中で姿をとり、数限りない人びとの中に沈潜し、人びとの心を充たす、その現実を示すことなのです。

単純な人々の中で、ギリシア、イタリアの世界に歩み入り、西へ、北へ向けてますます人びとの魂を捉えたのは、キリスト自身なのです。ゲルマン諸民族にキリスト教をもたらした教師たちの傍らで歩みを共にしたのは、キリスト自身なのです。まるで地球の魂そのもののように、地上で働き、土地から土地へ、魂から魂へ進み、そして人びとの魂がキリストについて何を考えようとまったく無関係に、人びとの魂の中へ入っていくのは、本当の、真のキリストなのです。

陳腐な比喩を使わせてもらいますと、食物の成分について何も知らなくても、規則通りに養分を摂っている人が大勢います。養分を摂る前に、食物のことを学ばされる人は、空腹になるだけです。ものを食べることは、栄養分についての知識を学ぶこととは別のことです。同じように、地上にキリスト教が普及することと、キリスト教に対する理解とは別のことなのです。このことをよく考えてみなければなりません。そこにはひとつの秘密が働いています。そのことを知ろうと思ったら、「キリスト自身は人間の心情の中でどのように働いているか」、という問いに答えることができなければなりません。見霊的な立場がこの問いに答えるためには、あるひとつの出来事に眼を向けなければなりません。その出来事は、基本的には、見霊意識による考察でないと、本当のところが解明できませんが、外から見ても、今日お話したこととまったく一致しているのです。将来、私たちは次のことをますます理解するようにならなければなりません。すなわち、私が今述べたような仕方でキリストが働く時代は過ぎたのです。そして人びとがキリストを理解し、認識しなければならない時代が来たのです。

ですから、次の問いにも答えることができなければなりません。——なぜ私たちの時代に先行して、理解したり、意識したりせずにもキリスト衝動を普及させることのできた、別の時代がなければならなかったのだろうか。あるひとつの出来事がこのことを可能にしたのです。見霊意識が教えるところによれば、その出来事こそが、いわゆる聖霊降臨の出来事なのです。ですから人智学の意味での真のキリスト衝動によって触発された見霊体験は、まずこの聖霊降臨に眼を向けるのです。この観点から行われる霊的な探求がまず見出すのは、聖霊降臨の出来事なのです。

聖霊が使徒たちに降下したということは、はじめはかなり理解しにくいことです。けれども、このことの生じた瞬間に、地上の進化にとって、いったい何が生じたのでしょうか。この出来事を霊視すると、次のことが見えてきます。――そのとき使徒たちも含めて、単純な人びとが突然、霊的生活の深みから語りはじめたのです。その人たちに本来期待できないようなことを、いろいろな舌で語り始めたのです。

実際その当時、キリスト教とキリスト衝動は、それを心情の中に受容した人びとの理解から独立して普及していきました。

そして、この聖霊降臨の出来事から今述べたキリストの力の流れが地上に注ぎ込まれました。いったい聖霊降臨とは何だったのでしょうか。霊学によるその答えはこうです。――聖霊降臨とは何か、という問いに答えるところから、第五福音書が始まるのだ。

では明日、この考察を続けようと思います。

第二講

一九一三年一〇月二日

この考察は、いわゆる聖霊降臨の出来事から始まります。すでに第一講で述べたように、見霊的な研究は、まずはじめに、この出来事に眼を向けようとします。なぜならこの出来事は、過去へ眼を向ける見霊意識にとって、一種の目覚めのように見えるからです。イエス・キリストの使徒たちが、聖霊降臨祭によって祝われる当の日に、この覚醒を体験したのです。この疑いもなく稀有《けう》な出来事を正確に再現するのは、容易なことではありませんが、今回の私たちの連続講義のテーマのすべてと、この出来事とを結びつけたいのです。そしてそのためには、これまでの神智学の考察によって得られた事柄をいわば私たちの魂の地下で甦らせなければなりません。

使徒たちはこの覚醒の瞬間に、長い間——多くの日々を通して——ふつうではない覚醒状態を生きてきたかのように目覚めたのです。その感じは、実際、深く夢を見続けた眠りから目覚めたときのようでした。とはいえ、その眠りというのは――今お話しするのは使徒たちの意識に現れた状態のことですが――、その状態で、日常のすべての必要な用事を果たして、ごく普通の生活をいとなんでいるのです。ですから、傍にいる人たちは、相手が別の意識状態にあることにまったく気がつかないのです。

　そのような使徒たちに、ある特別の時が来たのです。そのときの使徒たちは、長い日々を夢に充ちた眠りの中にあったのに、今この聖霊降臨の出来事と共に、その眠りから目覚めました。そして、この目覚めを独特の仕方で感じとりました。まるで万象を支配する愛の実質が、宇宙から自分のほうに降りてきたかのように感じたのです。この万象を支配する愛によって、いわば上からの受胎によって、今述べた夢のような状態から目覚めたように感じられたのです。宇宙に浸透して熱を送る愛の根源の力が、一人ひとりの魂の中に降りてきたかのように感じられたのです。

　そして、それを外から見ていた人たちにとって、この使徒たちはまったく奇異な存在でした。周囲の人たちは、この使徒たちがそれまではまったく素朴で単純な生き方をしていたのを知っていました。もちろん使徒たちの中には、その数日前から奇妙な、ぼんやりした態度をとっている人もいました。周囲の人たちはそのことを知っていました。けれども今、使徒たちはみんな、まったく変わってしまったのです。魂がまったく新しい状態になって、新しい気分に充たされていたのです。人生のいっさいの偏狭さ、いっさいの自己中心的態度が消えて、限りなく広い心、限りなく寛容な態度で人びとに接するようになりました。地上の人間的なすべてに心からの深い理解を示したので、そこにいた誰もがこの人たちを受け容れるようになりました。この人たちはどんな人の心の中も見ることができ、その心の秘密を深い思いをもって察知したので、みんなの心も和み、慰められました。まさにみんなが必要としたことを言ってくれたのです。

　まわりにいる人にとって、こういう大きな変化が何人もの人に生じたのは、本当に驚くべきことでしたが、しかしこの変化を経験した当の人たちは、いわば宇宙の愛の霊によって目覚めさせられて、今ゴルゴタで起こった事柄を、新たに理解することができたのです。ゴルゴタの出来事は、もちろん魂のもっとも内密な共同体の中で生じたことでしたが、しかしそれが生じた当時は、まだ何が起こったのか理解できなかったのです。

　この使徒たちの一人であるペテロの魂の中に眼を向けると、過去をふりかえる見霊的な眼には、ペテロの通常の地上意識が特定の瞬間にいわば完全に断ち切られてしまったのが分かります。つまり「主を否認した」あの瞬間に、です。ペテロはこの否認の情景に眼を向けました。そのとき彼は、「あのガラレア人の仲間か」、ときかれたのです。そして今彼は、そのとき自分が否認したことをはっきり認めました。どうして否認したのかというと、彼の正常の意識が曇らされ、異常な状態に、まったく別の世界へ脱魂した夢想状態に陥っていたからだったのです。今、聖霊降臨に際して、彼の心は、朝、目が覚めたとき、前夜眠る直前に体験したことを思い出したときのようでした。そのようにペテロはこの異常な状態になるすぐ前の、「否認」と呼ばれる体験をした自分を思い出しました。にわとりが二度鳴く前に、三度否認したときのことをです。

次いでペテロは、眠った人の心に夜が覆い拡がるような状態に自分が陥ったのを思い出しました。それと同時に、あの中間状態が夢のイメージだけに充たされていたのではなく、純霊的な働きをも体験していたのを思い出しました。そのあと、いわば眠りこけていた間に生じたすべてが、見霊的な夢となって彼の魂の前に現れました。今彼は、特に睡眠中の体験を意識することができるようになりました。彼はそのときのことを理解して体験したのではありませんでした。この出来事を完全に理解するには、全宇宙を支配する愛による受胎が必要だったのです。けれども今、ゴルゴタの秘蹟のイメージが彼の眼の前に立ち現れました。私たちが修行を重ねて得た、過去へ遡る見霊意識でこのイメージを見たときのように、そのイメージが目の前に現れたのです。

はっきり申し上げます。あの聖霊降臨に立ち会っていたペテロその他の使徒たちの意識の中を洞察して、その体験を言葉にする人は、まったく独特な感情を持ったのです。そのとき聖なる畏怖の念に襲われるのです。そのとき見霊者の魂の前に現れるものを言葉にしようとすることは、人間の直観のもっとも聖なる場所に立ち入ることになるのですが、それにもかかわらず、私たちの時代には、こういう事柄をはっきり語らなければならないのです。もちろん私たちの時代とは異なる時代が、第五福音書に私たちの時代よりもより多くの理解を示すことのできる時代が来るであろうが、今はまだ、その時代を準備する時代なのだ、ということを、よく意識して語らなければなりません。実際、この機会に申し上げるべき事柄の多くを理解するためには、人間の魂が、時代の文化と必然的に結びついているさまざまな事柄から自由になっていなければならないのです。

見霊的にゴルゴタの秘蹟を回顧するとき、現代の自然科学的な意識が違和感をもつであろうような光景が、まず心眼の前にひらかれます。それにもかかわらず、できる限りそのときの霊視内容を言葉にしなければならない、と私は感じています。私は言うべき事柄を、十分に用意できていない人びとの心の中に送り込んだり、現代を支配している科学精神に反するような、誇張した言い方をしたりしようとは思っていません。見霊的な眼は、まずひとつの現実を指示しているイメージに向き合います。そのイメージは、四つの福音書の中でも暗示されておりますが、しかし、その同じイメージが過去に遡る見霊的な眼に映じるイメージの海の中から立ち現れてくるとき、まったく特別の印象を与えるのです。その見霊的な光景は、一種の地上の闇を示しています。そしてこの重要な瞬間、その数時間の間、物質上の太陽がパレスティナの土地の上で、ゴルゴタの丘の上で、暗黒になったかのようなのです。実際に皆既日蝕は、見霊的な眼が今でもあとから検証できるのと同じ印象を与えます。魂の眼が、このような多かれ少かれ皆既日蝕に近い現象を見るとき、周囲の環境全体が、そのすべてが、まったく別様に見えてくるのです。

　私は日蝕の時に現れる、人間の技術、芸術のもたらす光景については触れずにおこうと思います。日蝕の時に外的な、非美的な技術のもたらす魔神的《デモーニッシュ》な光景をあえて見るためには、すべてがそのように生じなければならなかったという必然性の意識を、しっかりと保つ、強い心がなければならないからです。

　しかしこういう事柄には、これ以上立ち入るつもりはありません。ただ私は、日蝕の時間には、いつもなら非常にむずかしい瞑想によってしか体験できないような事柄が光輝いて現れることに注意を向けたいのです。すなわち、そのときには、すべての植物、動物が別様に見えるのです。どの鳥も、どの蝶も、別の様子を示しています。そのときには、いつもの生活感情が力を失い、この上なく深い意味で、太陽に属する宇宙的、霊的ないとなみ――いわばその肉体が眼に見える太陽なのです――、そのいとなみと地上の生活とが深く関連している、と確信できるようになるのです。

物質生活においては、太陽の輝きが月に遮《さえぎ》られて暗くなるときと、太陽が現れない夜のときとではまったく違います。観察する霊魂の眼にとっても、日蝕時の地上の光景と夜の地上の光景とは、まったく違います。日蝕時には植物の集合魂も、動物の集合魂も、いわば立ち上がります。それに反して植物、動物の物質体のすべては、闇のとばりに包まれています。ただ霊的なもの、集合魂的なものだけが、すべて明るく、はっきりと現れるのです。

私たちがゴルゴタの秘蹟と呼ぶ地上進化の瞬間を見霊的に回顧すると、こうしたすべてがはっきりと見てとれます。そして、遡行する見霊的な眼が宇宙の中に見る、太陽の突然の暗黒化という注目すべき自然のサインが何を意味しているのか、読みとることができるようになるのです。

もちろんそれ以前にも、それ以後にも繰り返されるような自然現象を、まさにこの地上進化の時点で、オカルト文書とみなして、それが与える印象通りに読まざるをえないとしても、そのことは私のせいではありません。そういうやり方は、現代の唯物論的な意識にとっては、まったく荒唐無稽なことでしょう。けれども本を開いて、そこに記された文字を読むように、こういう出来事は、読むべき文字を眼の前にしているような感じにさせるのです。ですから、こういう宇宙文字は学ぶべき事柄を読みなさい、と必然性をもって迫ってくるのです。宇宙の中に記された言葉のように、宇宙の音声記号のように迫ってくるのです。

こういう宇宙の記号に心を開くとき、そこに何が読みとれるのでしょうか。昨日お話ししたように、人類の進化は古代ギリシアのプラトンとアリストテレスにおいて、人間の魂の知性を特別高次のところにまでもたらしました。プラトンとアリストテレスが到達した知性のレヴェルは、多くの点で後世が凌駕できないほどの高みに達していました。実際、人類の知性はそのとき、最高の地点に達したのです。このことを本当に認識するときにこそ、人類進化の本質が認識できるのです。

パレスティナの時代を観察する見霊的な魂は、まさにゴルゴタの秘蹟の時代のギリシア半島、イタリア半島を遍歴する説教師たちによって、知性が、今の人にはまったく想像できないくらいに普及していったことを見てとったとき、そのとき初めてあの宇宙に記された文字を解読して、そして次のように言うことができるのです。――月は、キリスト以前の時代に可能となった知性の発達のためのひとつの印《しるし》なのだ、と。

月は地上から見ると、ただ天空を渡っていく物質存在のようですが、高次の認識にとっての月は、知性が謎を解き明かしてくれるのではなく、高次の認識を暗くしてしまうように、日蝕時に月が太陽を覆いかくすのです。月によって暗くされた太陽のオカルト文字を読むとき、このことが読みとれるのです。

ですから当時の知の働きは、啓蒙するためではなく、宇宙の謎を深くするために登場したのです。日蝕のとき太陽の前に月が立ちふさがるように、真の認識の前に立ちふさがる古代の知識によって、宇宙の本来の霊的領域が暗くされてしまうのです。そして外的な自然の出来事は、日蝕時に月が太陽の前に立ちふさがるように、人類がみずから汲み上げた知識を高次の認識の前に置く段階に達したことのあらわれだとも言えるのです。

　ゴルゴタの秘蹟の瞬間に太陽が暗くなったことは、重大なオカルト文字で人類の魂の暗黒化を宇宙に書き記したことなのです。あらかじめ言いましたように、こんなことを言いますと、現代人の意識は自尊心を傷つけられたように感じられるでしょう。なぜなら、宇宙の中には霊的な力が働いており、その力が人間の魂の中の力と結びついている、ということを事実として受けとることができなくなってしまったからです。

　私は通常の意味での奇蹟について、自然法則に穴をあけることについて語るつもりはありません。しかし、皆さんにお伝えしなければならないのは、太陽のあの暗黒化を、高次の太陽からのメッセージに対する月の知性による暗黒化、と読まなければならない、ということです。

　このオカルト文字を読んだなら、そのあと見霊的な意識の前にゴルゴタの丘に立てられた十字架のイメージが現れます。二人の盗賊の間でイエスのからだが十字架にかけられるのです。そして——一言《ひとこと》つけ加えますと、イメージに抵抗すればするほどイメージがいっそう強烈に現れてくるのですが——、このイメージは降架と埋葬のイメージに変わります。今、第二の圧倒的な記《しる》しが現れます。それによってふたたび、人類の進化にとって大切な象徴が宇宙の中に書き込まれるかのようです。すなわち、十字架から降ろされるイエスと、墓に埋葬されるイエスのイメージです。そして、この情景をあの地方を襲った地震と結びつけてイメージするとき、心が烈しく揺り動かされます。

たぶん、いつか、日蝕と地震との関連を自然科学的に解明するようになるでしょう。こんにちでも、科学的根拠なしに、日蝕と地震もしくは鉱山での爆発との関連についての説が伝えられています。実際、あのときの地震は日蝕の結果だったのです。あの地震はイエスの遺体を埋葬した墓をゆさぶり、そして墓の上に置かれた石をころがしました。大地が裂け、そして遺体が裂け目にのみ込まれました。ふたたび烈しい揺れが生じ、遺体の上の裂け目がふたたび閉ざされました。そして人びとが翌朝来てみると、墓は空《から》でした。大地がイエスの遺体をのみ込んでしまったからです。石だけがそこに放り出されていました。

もう一度この一連のイメージを辿ってみましょう。イエスはゴルゴタの丘の十字架上でこの世を去りました。闇が地上を襲いました。イエスの遺体は開かれた墓に埋葬されました。地震が大地を揺さぶり、イエスの遺体は大地にのみ込まれました。地震によって生じた裂け目が閉ざされ、石が横に抛《ほう》り出されていました。

以上のすべては、実際に起こった出来事です。私はこう述べることしかできません。自然科学的に考察しようとする人は、好きに判断して、反対する根拠をいろいろ持ち出すでしょう。けれども見霊的な眼に見えるのは、以上に述べたような出来事です。人類の進化に新しい何かが加わったことの象徴が、宇宙から壮大な記号文字として提示されたのです。このことを神の力が、日蝕や地震のような記号文字で大地に書き記したのです。そんなことはありえないと言う人に対しては、こう応じるしかありません。――そんなことはありえない、というあなたの信仰には敬意をはらいます。けれどもこれは事実起こったことなのです、と。

独特な『イエスの生涯』を書いたエルネスト・ルナンのような人なら、きっとこう言うでしょう。――人はそんなことを信じはしない。なぜなら人が信じるのはただ、いつでも実験によって再現できることだけなのだから。

しかし、こういう考えは、首尾一貫させることができません。例えば、ルナンのような人でも、氷河時代があったと思っているでしょうが、実験によって氷河時代を再現することができるでしょうか。氷河時代をふたたび地球上に生じさせることなどできません。それにもかかわらず、すべての自然科学者は氷河時代がかつてあったことを信じています。同じように、ゴルゴタの出来事に際して一度生じた宇宙的な記しをふたたび人間の前に持ち出すことはできません。それにもかかわらず、それは実際に生じたのです。

私たちがこの出来事に出会うのは、見霊的な仕方で、私の述べた道を辿って、まずペテロその他の使徒たちの魂の中に沈潜するときだけです。この使徒たちは、聖霊降臨に際して、すべての中に働く宇宙的な愛に身《み》籠《ごも》らされたと感じたのです。この人たちの魂の中に眼を向け、その魂たちが体験したことを見るとき初めて、私たちはこの廻り道を辿って、ゴルゴタの丘に立てられた十字架、そのときの地上の暗黒化、それに続く地震に眼を向ける可能性を見出すのです。

外的な意味でこの暗黒化と地震とがまったく普通の自然現象であったことは、まったくその通りです。けれども、こういう自然現象を見霊的に辿るとき、私が述べたように、これらの出来事を、オカルト文字の圧倒的な記号として読むことができるのです。このことは自分の魂の中にそのための諸条件を充たすことのできた人によって、はっきりと言われなければなりません。

なぜなら今述べたことは、ペテロの意識にとっては長い眠りの場で結晶化したことだったのですから。いろいろなイメージが交叉するペテロの意識の中では、例えばゴルゴタの丘に立てられた十字架、暗黒化、地震が浮かび上がりました。このことはペテロの場合、聖霊降臨の出来事に際しての、すべての中に働く宇宙的な愛による受胎の最初の結実だったのです。そして今、ペテロはそれまでの通常の意識では知ることのできなかった事柄を知ったのです。すなわち、ゴルゴタの出来事が起こったこと、そして十字架上のからだが生前、自分と旅を共にした同じからだだったことを、です。

今、ペテロは知ったのです。イエスが十字架上の死を遂げたこと、この死が誕生であったことを、です。聖霊降臨の祭りに際して集まった使徒たちの魂の中に、今、すべての中に働く愛となって注ぎ込まれた霊の誕生だったのです。ペテロは自分の魂の中に、永遠の、アイオンを貫く愛の放射のように、霊が目覚めるのを感じました。この霊は、イエスが十字架上の死を遂げたときに誕生した霊にほかなりませんでした。そして途方もない真実が、ペテロの魂の中に降りたのです。すなわち、十字架上で死を遂げたのは仮象にすぎず、真実は、限りない苦しみを経たこの死が、地球全体のために光線となって今自分の魂の中に入ってきたものの誕生だったのです。地球のために、イエスの死と共に、これまで地球の外のいたるところに存在していたものが、すなわちすべての中に働く愛が、宇宙的な愛が地上に誕生したのです。

こういう言葉を抽象的に語るのは容易です。けれどもペテロの魂は、ナザレのイエスがゴルゴタの丘の上で十字架上の死を遂げた瞬間に、それまで宇宙の中にしか存在していなかったものが地球のために誕生したのだ、と本当に初めて感じとったのです。どうぞ、そのことを心に思い描いて下さい。ナザレのイエスの死は、地球の圏内でのすべての中に働く宇宙的愛の誕生だったのです。

以上は「第五福音書」から読みとることのできる最初の認識です。新約聖書に述べられている聖霊降臨とは、今申し上げたことにほかなりません。使徒たちは、当時の魂の在りようからして、ナザレのイエスの死の事件を異常な意識状態でしか共体験できませんでした。

　ペテロとヨハネとヤコブは、もうひとつ別の瞬間のことをも思い出さざるをえませんでした。その瞬間のことは他の福音書にも述べられていますが、第五福音書によって初めてその意味が十分に明かされたのです。この使徒たちと共に地上を旅していたイエスは、彼らをオリーブ山へ、ゲッセマネの庭へ導き、そしてこう言ったのです。――「目覚めて、祈りなさい」。しかし、使徒たちは眠ってしまいました。そして今、彼らは知ったのです。――ますます自分の魂の上を覆うようになったあの状態が、当時すでに現れていたのだ、と。

　通常の意識は眠ってしまい、そしてゴルゴタの出来事の生じている間、眠り続けたのです。いま私がどもりどもり述べようと試みたことは、この状態から輝き出たのです。そしてペテロ、ヨハネ、ヤコブは、自分たちがこの状態に入って、そして今、思い返すと、あの偉大な諸事件がおぼろに浮かび上ってきたことを思い出さないわけにはいきませんでした。その諸事件は、彼らが行動を共にしてきたあの偉大な存在の地上のからだの周りで生じたのでしたが、使徒たちの意識の中では、一度沈んだ夢のように、過ぎ去った日々のこととして次第に浮かび上ってきたのです。

　その日々にはこういうすべてを通常の意識で共に体験したのではなかったのですが、今そのすべてが使徒たちの通常の意識の中に甦ってきたのです。そのすべては、ゴルゴタの秘蹟から聖霊降臨の出来事までに使徒たちが共に体験したすべては、魂の根底に沈んだままでした。その間のことを使徒たちは、まるで深い深い眠りの中でのように感じました。特にいわゆる昇天から聖霊降臨までの十日間は、もっとも深い眠りの中でのように感じました。ゴルゴタの秘蹟からイエス・キリストのいわゆる昇天までの間の時間は、日を追うにつれて、時を遡行しながら思い出されてきました。共に体験してきたことが、今はじめて、まったく独特の仕方で思い出されたのです。

　ここで個人的な感想をつけ加えるのをお許し下さい。告白いたしますと、ゴルゴタの秘蹟からいわゆる昇天までの間に使徒たちが体験したことが、彼らの魂の中に甦ってきたのを知ったとき、私は本当にびっくりしてしまいました。そのときのことが使徒たちの魂に浮かび上ってくる仕方は、まったく独特だったのです。

　使徒たちの魂の中に、イメージが次々に浮かび上がり、そしてこう告げたのです。――「お前はこのとき、十字架上で死んだ、もしくは生まれた人と共にそこに居合わせた。お前はその人と出会ったのだ」。

　私たちが朝目を覚まし、夢を思い出すとき、この夢の中であれこれの人と一緒だったのを思い出すように、使徒たちの魂の中に、思い出が夢のように立ち現れたのです。しかし個々の出来事が意識に浮かび上るときの在りようは、まったく独特でした。繰り返して使徒たちはこう問わざるをえませんでした。――「そのときわれわれが一緒に居合わせたのは、一体誰だったのか」。

そして使徒たちはいつまでたっても、その人をなかなか認識できなかったのです。霊の姿だとは感じました。確かにこの睡眠状態の中でその姿と一緒に遍歴したことは分かっていました。しかし、すべてに働きを及ぼす愛を受胎したあとで彼らに現れたような姿でのその人は、まだ認識できなかったのです。

今彼らは、ゴルゴタの秘蹟のあと、キリストと呼ばれる存在と一緒に旅する自分を見ました。そしてまた、このキリストが実際にその当時霊の国についての教えを授けてくれたのを見ました。自分たちが四〇日間、十字架上で生まれたこの存在と一緒に旅したこと、この存在が――宇宙から地上に生まれたすべての中で働く愛が――自分たちの師であったこと、しかし自分たちの通常の意識ではこの存在の語ったことを理解できなかったこと、魂の無意識の力でそれを受け止めるしかなかったこと、自分たちが夢遊病者のようにキリストの横を歩んでいて、この存在が与えてくれたものを通常の知性では受け容れることができなかったこと、そういうすべてを今理解できるようになりました。

彼らはこの四〇日間、キリストの言葉に、自分の知らない意識で耳を傾けていたのです。この意識は、聖霊降臨を経験した今、はじめて彼らの中で意識化されたのです。彼らは夢遊病者のような状態で耳を傾けていました。キリストは霊的な師として現れ、そしてまったく別の意識状態に入ったときにしか理解できない秘密を彼らに伝えました。そして今、彼らは初めて知りました。――彼らはキリストと、復活したキリストと一緒に歩いていたのだ、と。今はじめて、自分たちの身に何が起こったのか認識したのです。それでは、ゴルゴタの秘蹟以前に肉身で彼らと一緒に遍歴していたのが本当にその方だったのを、彼らはどうやって知ったのでしょうか。次のような仕方でそのことを知ったのです。

今、聖霊降臨のあと、使徒たちのひとりの魂の中に、あるイメージが生じたところを思い描いて下さい。この使徒は復活したキリストと一緒に歩んでいたこと、復活したキリストが彼に教示してくれていたことを知りました。しかし、キリストを認識したのではなかったのです。彼は天上的な霊的存在を見たのですが、その存在を認識したのではなかったのです。

そのとき別のイメージが混ざってきました。使徒たちが体験してきたイメージが純霊的なイメージと混ざり合ったのです。それは使徒たちがゴルゴタの秘蹟以前に、イエス・キリストと一緒に実際に経験したときのイメージでした。ひとつの場面が浮かんできました。そこでは使徒たちが霊の秘密について、イエス・キリストから学んでいました。しかし、彼らはキリストを認識してはいませんでした。教示してくれるこの霊的存在に向き合っている自分を見ているうちに、このイメージが、そのイメージを保ったまま、晩餐のイメージに変わりました。彼は他の使徒たちと一緒にイエス・キリストの晩餐にあずかったのです。

どうぞ生きいきと想像力を働かせて心に思い描いて下さい。こういう使徒のひとりは、復活者と一緒に超感覚的な体験をもつと同時に、その背景では晩餐のイメージをもったのです。そのとき初めて、彼らはかつて肉身で共に旅していたのがその同じ人であったことを認識したのです。ゴルゴタの秘蹟以後のまったく別の姿で教示してくれているのが、かつての師と同じ人であることを認識したのです。これは睡眠中のような意識状態の記憶とそれ以前に経験した記憶像との完全な融合でした。重なり合う二つのイメージを、使徒たちは体験したのです。――ひとつのイメージはゴルゴタの秘蹟後の体験から生じ、そしてもう一つは意識が暗くなって、何が生じたのか、もはや一緒に体験できなくなる以前のイメージでした。こうして使徒たちは、この二つの本性、復活者とかつて一緒に行動を共にしていたその方とが同一の存在であるのを認識したのです。

今、使徒たちはこう語り合いました。――すべての中で働く宇宙愛の受胎によって目覚めるまでのわれわれは、通常の意識を奪われていた。しかしそのとき、復活者キリストがわれわれと共におられた。この方がいわば知らず知らずのうちに、その方の国へわれわれを引きとってくれ、われわれと共に旅をし、その方の国の秘密をわれわれに明かして下さった。その秘密が今、聖霊降臨の秘蹟のあと、夢の体験のように、通常の意識の中に浮かび上がってくる。
これは真に驚嘆すべき体験だったのです。ゴルゴタの秘蹟後のキリストと共に体験したときのイメージと通常の意識でイエス・キリストと共に体験したときのイメージとが、そのとき、ひとつに合わさったのです。

私たちはいわゆる第五福音書に述べられている内容をお伝えすることから始めました。私は今日《きょう》のこの最初の話の終わりに、若干の個人的な言葉を述べさせていただきたいのです。私はこういう事柄を今述べることに、オカルト的な義務を感じています。今私が申し上げたいのは、次のことです。――私たちは今、次に来る地球の未来のためにいろいろ準備しなければならない時代を生きています。そして私たちの協会の内部で、私たちは未来のために必要な準備をしておかねばならない、と感じています。私たちの未来は、現代に可能な仕方とはまったく違った仕方で語ることのできる時代になることでしょう。私たちはみな、時代の子どもです。しかし近い将来、今はまだ暗示するしかないような多くが、生成の霊的年代記の中ではるかに厳密に認識されるようになるでしょう。こんにちの人びとにはまだ信じられないとしても、そういう時代が来るでしょう。けれども、まさにそうだからこそ、すでにこんにち、準備として、こういう事柄について語る義務があるのです。まさにこのテーマについて語るのは、若干の勇気が必要でしたが、私たちの時代に必要とされる準備を行う義務感のほうが大きかったのです。

その義務感が、ここで初めて、まさに皆様の前で、このテーマについて語るように勇気づけてくれたのです。

私が勇気のことを口にするときは、この言葉を、そのままの意味で受けとっていただければと思います。はっきりお願い申し上げますが、私がこの機会に申し上げる事柄を、一種の刺戟として、将来もっと正確に語れるであろうこととして受けとって下さい。勇気と申し上げましたが、この言葉の意味をよく理解していただけるように、個人的な註釈をつけ加えさせて下さい。

私が取り組んできた霊学研究にとって、世界の霊的文書の中から取り出すのが特別むづかしかったのは、まさにこの種の事柄だったのです。私が用いた「暗示」という言葉は、たぶん今受けとめられているよりもはるかに重い、そして広い意味をもっています。霊的な文献に述べられているすべてを、私が今すぐに正確にお話しできるなどと言うつもりはまったくありません。キリスト教の秘密に関わるイメージをアカシャ年代記から取り出してくることが求められるとき、まさに私はいろいろな困難や苦労を経験させられているのです。そういうイメージを必要なところにまで濃縮して確保できるように、私は努力しています。

そして、今申し上げるようなことを申し上げる義務を背負っているのを、私は自分のカルマだと思っています。実際、同時代人の多くと同様に私が青春期に入って本当のキリスト教教育を受けることができたのなら、疑いもなくこんなに苦労はしなかったでしょう。私はそういう教育を受けませんでした。私はまったく自由精神的な環境の中で育ち、私の研究も私を自由精神の方向へ導きました。私自身の教養過程は純学問的でした。ですから、今語るのを義務と感じている事柄と出会うのは、努力の要《い》ることだったのです。

二つの理由から、こういう個人的な註を加えるのを許していただけると思います。一つには、まったく勝手な無責任なやり方なのですが、私と或るカトリック系の流れとの結びつきについての馬鹿げたメルヒェンが世に出廻っているのです。こういうデマの中には、本当のことは何一つありません。こんにち神智学の名で呼ばれているものがどこへ向って歩んでいくのか、そのことは、ただ神智学の分野がこういう無責任なうわさ、申し立てを世間に広めていることだけからも推し量ることができるのです。

しかし、私たちは寛大な態度で、ありきたりな仕方でこのことを見逃してしまうのではなく、それに対して真実を明らかにせざるをえないのです。ですから、こういう個人的な註を加えさせていただいたのです。

他方において、私は青春時代にキリスト教から離れていたことによって、なにものにもとらわれずにキリスト教に向き合えたと感じています。霊を通して初めてキリスト教とキリストの本性に導かれましたので、まさにこの分野で、こういう事柄について語る際の公正さを保っていられると思っています。おそらく人は――世界史のまさにこの瞬間に――学問的な教養を受け、青春時代にキリスト教から離れていた者の言葉のほうを、もの心がついてからキリスト教と共に育った者の言葉よりも重く受けとることができるでしょう。キリスト教の深い内的な要素が、霊そのものからキリスト教への道を見出した意識によって提示されるとき、キリスト教が何か損害を蒙るかもしれないなどとは、私は思っていません。しかし皆さんは、以上の言葉を真剣に受けとって下さるなら、私が今、いわゆる第五福音書の秘密として述べようとしている秘密について語るとき、私自身の中に生きているものを、暗示としてでも感じとって下さるでしょう。

第三講

一九一三年一〇月三日

昨日は、イエス・キリストの使徒たちがいわゆる聖霊降臨の瞬間に一種の目覚めを体験した、とお話ししましたが、今私がお話ししているいわゆる第五福音書の内容が、そのまま当時も使徒たちによって意識されていたわけではありません。もちろん、見霊意識で使徒たちの魂の中に深く入っていきますと、彼らの魂の中にあのイメージたちを認めることができます。けれども、当時の使徒たち自身の中には、イメージというよりは、生命、直接の体験、感情、魂の力が生きていました。そして、当時のギリシア人たちをも魅了したその使徒たちの説教によって、キリスト教を発展させていきました。使徒たちの魂の力、心情の力は、彼らの魂の中に生きていた第五福音書の生きた力から花開いたものなのです。使徒たちは思い通りに語り、思う通りに働きかけることができました。なぜなら、私たちが今解き明かそうとしている第五福音書の内容を、使徒たちは、たとえ今述べているような仕方で言葉に表現することはできなかったとしても、魂の中に生きいきと担っていたのですから。

実際、彼らは、思い出を甦らせるようにして、すべてを支配する宇宙的な愛を受胎したのです。そしてこの受胎の印象の下で、さらに伝道を続けていったのです。使徒たちの中で働いていたのは、ゴルゴタの秘蹟以後のキリストでした。そしてまさに今、この時点で、私たちは第五福音書の意味でのキリストの地上生活について語らなければなりません。

とはいえ、今問題にしていることを言葉にしようとするのは、現在通用している概念に頼っている限り、容易なことではありません。しかし私たちは、これまで霊学考察によって獲得してきた概念、理念によって、この地上最大の秘密に接近してきましたが、キリストの本質を理解しようとするときには、私たちの霊学の諸概念を少し変化させて用いなければなりません。

問題を解明するために、まずヨルダン河でのヨハネの洗礼から出発してみましょう。この洗礼について第五福音書は、地上の人間の受胎と同じように述べています。つまり、この洗礼からゴルゴタの秘蹟までのキリストの生涯は、母親の胎内での胎児の成長と比較できるのです。ゴルゴタの秘蹟そのものは、地上の誕生と比較することができます。つまりイエスの死は、キリストの地上での誕生なのです。キリストの本来の地上生活はゴルゴタの秘蹟から始まるのです。そのときからキリストは、昨日述べたように、一種の別の意識状態にあった使徒たちと交わりをもったのです。この交わりが、キリスト本性の本来の誕生に続いて生じたのです。そして、昇天とそれに続く聖霊降臨は、キリストの本性にとって、人間が死に際して霊界へ逝去することと同じように理解されなければなりません。昇天もしくは聖霊降臨以降の地球圏でのキリストの更なる生命のいとなみは、神界《デヴァハン》、霊界にいるときの人間の魂のいとなみと対応しているのです。

愛する皆さん、ですから人生経験によって身につけたすべての概念をすっかり変えなければならなくなるような存在がキリストなのです。人間はカマロカ、もしくは浄化の時期と呼ばれる短い中間期のあと、霊界へ移り、次の地上生活の用意をします。そのために人間は死後、霊的な生活を送ります。キリスト本性は、聖霊降臨の時から、人間にとっての霊界への移行に当たることを、つまり地球圏への移行を体験しました。そして、死後の人間のようにデヴァ界へ、霊的領域へ到る代わりに、キリスト本性はみずからの天国をいわば地上に打ち立て、地上にそれを求めるための供犠《くぎ》を行うのです。

人間が地上を去るのは、通常の表現を用いれば、居住地を地上から天上に移すためです。キリストが天上を去るのは、居住地を天上から地上に移すためです。どうぞ、このことを正しい光の下で、ゴルゴタの秘蹟から受ける感情と結びつけて考えて下さい。霊界を去って地上で地球と人間と共に生きるというキリストの犠牲行為から受ける感情と、です。キリストは人間の地上の進化をさらに導き続けてくれるのです。このことは、ヨルダン河でのヨハネの洗礼以前のキリスト本性が地上には属していなかったことを示しています。この本性は超地上的な領域から地上の領域へ移ってきました。そして天上的な在り方を地上的な在り方に変えるために、ヨハネの洗礼から聖霊降臨までの間に、必要な体験をすべて体験しなければならなかったのです。

キリスト本性は聖霊降臨以後、地上の人間の魂のもとに留まっているのです。このキリストの秘密を知ることは、無限に多くのことを意味しています。キリスト本性は、それまで地上の人間の魂のもとにはいませんでした。キリスト本性がヨハネの洗礼と聖霊降臨との間に行なったことは、神が居住地を霊界から地上界へ移したことによって可能になったのです。そうすることによって、この神的、霊的なキリスト本性が人間の魂との共同体を維持し続けることができたのです。パレスティナの出来事はなぜ生じたのでしょうか。キリストという神的＝霊的本性が地上で人間の魂との共同体をもつためだったのです。

このことは同時に、パレスティナのこの出来事が、すでにたびたび述べたように、一回限りのものであったことを示しています。この高次の、非地上的な本性は、地上界に下降して、この本性の影響の下に、地上界にふさわしい変貌を遂げさせるまで、地上界に留まり続けるのです。キリスト本性はあの出来事以来、地上で働いているのです。

聖霊降臨を、第五福音書の意味で完全に理解しようとするのなら、私たちが霊学の中で作り上げてきた諸概念を用いなければなりません。霊学は、古代に秘儀参入が行われてきたこと、人間の魂がこの秘儀参入によって霊的な生活に関与するために高められたことを教えています。このキリスト以前の秘儀は、いわゆるペルシア秘儀またはミトラ秘儀に眼を向けるときに、その本質をもっともよく見てとることができます。

　そこには秘儀参入の七段階がありました。この秘儀によって高次の霊的体験に導かれようとする人は、まず象徴的に「からす」と呼ばれるところへ導かれます。次いで「隠れた者」となりました。第三段階では「戦士」になり、第四段階では「獅子」になり、第五段階では自分の属する民族の名を名乗り、第六段階では「日の英雄」、第七段階では「父」になりました。

　はじめの四段階の場合、次第にますます深く霊的な体験に導かれました。第五段階に達した人は、拡大された意識をもつことができ、この拡大された意識が自分の属する民族全体の霊的な守護者になる力を獲得したのです。ですから、当の民族名を名乗ったのです。この古代秘儀における第五段階に参入した人は、特別の仕方で霊的な生活に関わりました。

　私たちはこの地（オスロ）で行った連続講義『民族魂の使命』（一九一〇年）の中で、地上の諸民族がヒエラルキアの中の大天使に導かれている、と述べました。第五段階の秘儀参入者はこの大天使の領域へ引き上げられ、したがって大天使の生命《いのち》に関与したのです。この第五段階に参入した人たちの存在は、宇宙のためにも必要でした。だからこそ、この第五段階への参入が求められたのです。秘儀に参入して、第五段階に応じた魂の内容を獲得した人物の属する民族の大天使は、あれこれの行為をするのに必要な内容を伝えている書物を読むように、この人物の魂を読んだのです。ある民族にとって何が必要なのか、大天使はそのことを第五段階に参入した人の魂の中に読んだのです。大天使が正しい仕方で民族を導くためには、地上に第五段階の秘儀に参入した人たちが必要だったのです。この秘儀参入者たちは、本来の民族指導霊である大天使と民族そのものとの間の仲介者なのです。この人たちは、民族が正しい仕方で導かれるために、大天使の領界に必要とされるものを持ち込むのです。

キリスト以前の古代において、この第五段階に、どのようにしたら達することができたのでしょうか。人間の魂が身体に留まっていたら、そこに到れませんでした。人間の魂は身体から引き上げられなければなりませんでした。秘儀参入とは、人間の魂を身体から引き離すことにほかなりません。そのとき魂は身体の外で、今述べた内容を受けとったのです。魂は地上を去って、達成すべきものを達成するために、霊界に上っていかなければなりませんでした。

さて、古代秘儀参入の第六段階、「日の英雄」に達した人の魂には、民族の指導に必要な力だけでなく、もっと高次の力も活発に働いていました。地上の人類全体の進化に眼を向けると、諸民族の興亡、変容が見てとれます。個人同様、民族もまた生まれ、そして死んでいきます。しかし、ある民族が地上のために働いてきた成果は、地上の全人類の進化のために保持されなければなりません。

民族の生き方だけが導かれるのではなく、その民族が地上のために果たすべき仕事も、その民族を超えて、さらに導かれなければなりません。民族の業績がその民族を超えて、大天使（民族霊）よりもさらに高次の霊、時代霊によって導かれていけるために、第六段階の秘儀参入者である「日の英雄」がいなければなりませんでした。なぜなら、高次の世界の存在たちは、日の英雄の魂のいとなみの中に、民族の働きを人類全体の働きに変える力を見てとることができたのですから。日の英雄によって、民族の働きは全人類のための働きになったのです。

「日の英雄」の働きは、地球全体を超えて運ばれました。古代秘儀における第五段階に参入されるべき人は、自分の体から出て行かなければなりませんでした。同じように日の英雄になるべき人は、自分のからだから離れて、その離れている間は実際に太陽を住み家にしなければなりませんでした。

こう言うと、現代の時代意識は、ほとんどおとぎ話、否、ばか話をきかされていると思うでしょう。しかし神々にとっての叡智は、しばしば人間にとっては馬鹿ばかしいものになる、とはパウロの言葉です。「日の英雄」は秘儀参入の間、ずっと太陽系全体と共に生きたのです。通常の人間が地上に生きるように、日の英雄は太陽を住み家としていたのです。私たちの周りに山河があるように、日の英雄の周りには、秘儀参入の間、太陽系の諸惑星がありました。日の英雄は秘儀参入の間、太陽のほうにまで引き離されていました。古代秘儀における秘儀参入は、からだの外においてでなければ達成できなかったのです。そして、からだの中に戻ったとき、からだの外で体験したことを思い出して、その体験内容を全人類の進化のため、全人類の救済のために用いたのです。

こうして「日の英雄」は、秘儀参入の間、自分のからだから離れ、そして宇宙の作用力で自分を充たしたあと、自分のからだにふたたび戻りました。ふたたび戻ったときには、民族の働きを人類全体の進化のために役立たせる魂の力を手に入れたのです。

それでは、秘儀参入の三日半の間、この「日の英雄」たちは何を体験したのでしょうか。地上をではなく、太陽上をさまよっていたその人たちは、そのとき何を体験したのでしょうか。ゴルゴタの秘蹟以前にはまだ地上に存在していなかったキリストとの出会いを体験したのです。古代のすべての日の英雄たちは、こうした太陽の領界へ上っていき、そしてこの領界でのみ可能な、キリストとの出会いを体験したのです。

古代の秘儀参入者が参入の過程で昇っていったこの領域から、キリストは地上に降臨したのです。古代における秘儀参入の過程を通して、わずかな人だけが体験したことを、キリストの使徒たちは聖霊降臨の日々に、ごく自然な仕方で、ひとつの出来事を通して体験できたのです。かつての人びとの魂は、キリストの領域にまで昇っていかなければなりませんでしたが、今、キリストが使徒たちのところへ降りてきたのです。そして使徒たちは、古代の日の英雄たちの魂が持っていた内容を担う魂になったのです。太陽の霊的な力は、この人たちの魂の中に注ぎ込まれたときから、人類の進化のために働き続けました。このまったく新しい力が地上に作用するために、パレスティナの出来事、ゴルゴタの秘蹟が遂行されなければならなかったのです。

しかし、キリストの地上での働きの力の根源はどこから生じたのでしょうか。深刻な苦悩から、人間の想像力の及ばぬほどの苦悩から生じたのです。このことを正しく受けとめるために、あらかじめ現代人の意識がもたらすいくつかの抵抗を排除しておかなければなりません。第五福音書をしっかり受けとめていただくために、ここでいくつかの事柄を挿入しなければなりません。

最近、ある書物が出版されました。私はこの本を読むようにお薦めしたいのです。というのは、非常に精神力豊かな人物が霊的な問題について語るとき、どれほどナンセンスなことを語れるものか、この本は見事に証明してくれているからです。それはモーリス・メーテルリンクの『死について』のことです。

いろいろナンセンスなことが述べられているのですが、人間が一度死ぬと、もはや悩むことはありえない、なぜならもはや肉体をもたない霊になったのだから、という主張も出てきます。肉体だけが悩む、というのです。ですから、精神力豊かな人物であるメーテルリンクは、肉体だけが悩むことができるのだから、死者は悩んだりはしない、という幻想に陥っています。彼はこのことがどんなにひどい、ほとんど信じられないようなナンセンスなのかに気づいていません。物質の力と化学的素材から成る肉体だけが悩むのだ、と主張しているにもかかわらず、です。まるで苦悩が物質の素材や力と結びついているかのようです。

素材も力も、そもそも悩んだりしません。悩むことができるというのなら、石も悩むでしょう。肉体は悩んだりできないのです。悩むのは、霊であり、魂なのです。こんにち、人びとは極めて単純なことについて、意味のあることの正反対を考えるようにさえなってしまいました。霊的な生活が悩んだりしないのであれば、カマロカの苦悩もなくなります。まさに肉体を欠いているからこそ、カマロカの苦悩があるのです。そして、霊は悩むことができないという見解の持ち主は、パレスティナの数年間、キリストの霊が体験した限りない苦悩についても、正しい考え方をすることができないでしょう。

しかし、この苦悩についてお話しする前に、もっと別のことにも皆さんの注意を向けなければなりません。私たちがよく分かっていなければならないのは、ヨルダン河でのヨハネの洗礼と共に、ある霊が地上に降臨し、その後三年間、地上のからだの中で生き、そしてゴルゴタの丘で死を遂げた、ということです。この霊は、ヨルダン河でのヨハネの洗礼の前は、地上とはまったく違った状況の中で生きていました。

では、地上とはまったく違った状況の中で生きたとは、どういうことでしょうか。人智学的に言えば、この霊は地上のカルマをもっていなかった、ということです。どうぞこのことに注意して下さい。ナザレのイエスのからだの中で三年間生きたこの霊は、自分の魂の中に地上のカルマを持つことなく、地上での人生を過ごしたのです。ですから、キリストのすべての地上経験、地上体験は、人間の魂の経験とはまったく違う意味をもつのです。私たちが悩んだり、あれこれ経験したりするときの悩みは、カルマによるものです。そのことを私たちは知っています。しかしキリストの霊にとっては、そうではありませんでした。キリストはカルマの働きを受けることなく、三年間の地上経験をもったのです。それはキリストにとって、どういうことだったのでしょうか。カルマの意味をもたない苦悩、まったく不当な苦しみ、罪のない苦しみだったのです。第五福音書は、人智学の福音書です。この福音書は私たちに、キリストの三年間の人生は、人体の中でカルマなしに生きた唯一の人生、人間的意味でのカルマ概念が適用できない唯一の人生であったことを示しているのです。

しかしこの三年間について、第五福音書はさらに別のことも教えています。地上でのこの三年間を私たちは一種の胎児期として考察しました。実際、この三年間の生活は何もカルマを生じさせませんでしたし、どんな債務も引き受けずに済みました。ですから地上でのこの三年間は、カルマに左右されることも、カルマを生じさせることもなかったのです。この三年間に関しては、どんな概念、理念も、深い意味で捉えなければなりません。そうすれば、どうしても説明のつかないような、このパレスティナでの異常な出来事について、正しい理解がもてるようになるでしょう。その理解のためには、多くのことを関連づけて考察しなければなりません。とはいえ、その出来事のすべては、互いに矛盾し合っているので、正しい理解に達することは不可能に近いのです。それにもかかわらず、この出来事は、人類の発展の中で、さまざまな衝動を生じさせてきました。ただその衝動は、常に正しい、深い意味で生かされてきたとは言えません。今ここで、私たちがこの三年間の生活、カルマなしに生きたこの三年間についての内容を、その真に深い意味を洞察するならば、この三年間をまったく別の仕方で語ることができるでしょう。

しばしば、人は重要な事柄を無考えに通り過ぎていきます。一八六三年に出版されたエルネスト・ルナンの『イエスの生涯』のことをご存知の方がいらっしゃると思いますが、多くの人はこの本の重要な意味を考えることなく、読んでいるのです。この本の特異さに気づくことなく、現在まで数多くの人がこの本に納得してきました。将来、このことを不思議に思うようになるかもしれません。この本が特異なのは、崇高な記述と三文小説とを混ぜ合わせているからです。見事な記述と俗悪な物語とのこの寄せ集めは、いつか信じられぬほど奇妙なことに思えることでしょう。

そう思って、エルネスト・ルナンのこの『イエスの生涯』を読んでみて下さい。エルネスト・ルナンにとって、キリストとはもちろんイエスのことにほかなりません。ルナンはキリストをひとりの英雄に、善意にあふれた人類の偉大な恩人にしています。ルナンの描くキリストは、いわば民衆と熱狂を共有し、民衆が望むこと、民衆が聞きたいこと、言われたいことに応えてくれる指導者なのです。

エルネスト・ルナンは、私たちに対して言われてきたことを、壮大な規模でキリストに対して言っているのです。というのは、何かが、例えば神智学が拡まるとき、世間はその指導者に対して、次のような批判を加えるのが常だからです。つまりその指導者は、はじめは良き意図をもっていたのに、悪しき信奉者たちがやってきて、こびへつらい、堕落させてしまった、というのです。そうすると、この指導者は聴衆たちの耳にやさしいことしか言わなくなる、というのです。

ルナンはキリストの生涯をまさにそのように描いています。彼は平気でラザロの復活を一種のまやかしであって、イエス・キリストが必要なアジテーションの手段としてラザロを利用した、と述べているのです。そして臆面もなく、イエス・キリストが一種の激情に駆られて、ますます民衆の本能のとりこになっていったかのように描いています。このようにして、この本の崇高な表現の中に三文小説的なものを持ち込んでいるのです。少しでも健全な感性の持ち主なら——私は控えめな言い方をしているつもりですが——、はじめは善き意図を持ちながら最後は民衆の本能に負けて、いろいろな種類のまやかしをやってみせるような存在のことを読まされて、思わず尻込みしてしまうでしょう。『イエスの生涯』はそのような本なのです。しかし、ルナンはそんなことにはおかまいなしに、イエスのことを美しい言葉、魅力的な言葉で賛美するのです。なんとも奇妙なことと言わなければなりません。

　このことは、人びとの魂がどれほど強くキリストに惹きつけられているかをよく示しています。キリストの本性を理解しているかいないかにはまったく関係なく、そうなのです。しかしこの傾向が、キリストの生涯を三文小説にしてしまい、人びとの注意をキリストの人格へ向けさせるために最大限の表現力を行使するようにさせたのです。こういう人物表現は、地球の進化に関わるキリストのような本性に対してのみ可能なのですが、しかし、もしもルナンが述べているような仕方でキリストがこの世を生きていたのだとしたら、地上での三年間の生活は、実にさまざまなカルマを作り出したことでしょう。しかし将来、キリストの生涯がカルマとは無関係であり、何もカルマを作り出さなかったことを認識するでしょう。そしてルナンのような記述が成り立たないことを悟るようになるでしょう。第五福音書はそのことをはっきり示してくれます。

　第五福音書によれば、「ヨハネの洗礼」と呼ばれるヨルダン河での出来事は、地上の人間の場合の受胎に較べられるようなものでした。ルカ福音書に記されている言葉は、見霊意識が当時聴いたであろうような宇宙的な秘密を正しく再現しています。天から、本当にルカ福音書の伝える言葉が響いてきたのです。――「このものは私の愛する子、私は今日この人を産み出した」。

このルカ福音書の言葉は、当時生じた地上存在へのキリストの受胎の正しい表現でもあったのです。このことはヨルダン河で生じました。

ヨハネの洗礼においてキリストのこの霊が地上のどんな人格に降りたのかについては、今はしばらく問わないでおきます。このあとの何日かでそれについて語ろうと思います。今日まず取り上げたいのは、ナザレのイエスこそがキリスト本性にふさわしい身体《からだ》を提供できたということです。第五福音書は、私たちにこう語ります。このことは遡行する見霊的な眼によって読みとれるのですが、キリストははじめ、ナザレのイエスの身体とは完全に結びついていたのではなかったのです。キリスト本性は地上での最初の瞬間からナザレのイエスの身体と完全に結びついていたのではありません。キリストの本性は、最初は、ナザレのイエスの身体とゆるい結びつきしかもっていなかったのです。この結びつきは、通常の人間のように、体と魂が結びついていたのではなく、つまり魂がからだを住み家としていたのではなく、いつでも、必要なときが来れば、キリスト本性がナザレのイエスの身体からふたたび離れることができたのです。

そして、ナザレのイエスの身体が眠っていたときのキリスト本性は、霊的に必要とされるところで働くか、またはそこへの道を辿っていたのです。

第五福音書によると、キリスト本性が使徒たちに現れたとき、必ずしもナザレのイエスの身体もそこにあったのではなく、しばしばナザレのイエスの身体がどこかに留まり、キリストの霊だけが使徒たちに現れたのです。しかしそのとき、使徒たちはこの霊をナザレのイエスの身体と混同することがありました。使徒たちは霊と体との違いに気づいてはいましたが、その違いがあまりに微妙でしたので、いつもはっきり区別できたわけではなかったのです。このことは四つの福音書の中では、あまり明らかに述べられていませんが、第五福音書ははっきり述べています。使徒たちは、今のキリストがナザレのイエスの身体の中にいるのか、それとももっぱら霊的な本性なのか、はっきり区別できずにいました。彼らはあまりそのことを考えていたわけではありませんでしたが、たいていはナザレのイエスの身体の中にいるキリストの霊だと思っていました。実際、三年間の地上生活の中でキリストの霊はナザレのイエスの身体にますます強く結びつき、キリスト本性のエーテル体もナザレのイエスの肉体にますます似てきたのです。キリスト本性が通常の人間の場合とは異なる現れ方をしていたことに注意して下さい。通常の人間は大宇宙に対する小宇宙です。大宇宙全体の小さな模像として、大宇宙を映し出しているのです。キリスト本性の場合は逆です。大宇宙の太陽本性が人間という小宇宙の姿をとって現れているのです。太陽本性がますます濃縮され、圧縮されて、人間という小宇宙にますます似てきたのです。通常の人間の場合のちょうど逆なのです。

ヨルダン河での洗礼の直後、キリストの地上生活がはじまったとき、キリスト本性とナザレのイエスの身体との結びつきは非常にゆるいものでした。キリスト本性はナザレのイエスの身体の外にいました。地上を遍歴するキリスト本性の働きは、まだまったく超地上的でした。キリスト本性は人力では不可能な仕方で病気を治癒し続けました。神的な力で人びとに働き続けました。キリスト本性は超地上的な本性として働き、ただナザレのイエスの身体にみずからを結びつけていただけでした。しかし、この本性はますますナザレのイエスの身体に似るように、みずからを濃縮して、ますます地上の状況にみずからを適応させ、ますます神的な力が消えていくようにしました。みずからをナザレのイエスの身体に適応させながら、キリスト本性はこういうすべてを成し遂げたのです。この経過は、下降する展開でした。キリスト本性はナザレのイエスの身体に適応することで、神の力がますます失われていくのを感じなければなりませんでした。次第に神が人になっていったのです。

限りない苦痛を味わいながら、からだをますます衰えさせていく人のように、キリスト本性は、自分のエーテル本性をナザレのイエスの肉体にますます適応させていくことで、自分の神的内実が消えていくのを経験し、そしてついには、ひとりの人間のように不安を感じることもできるようになりました。このことは、イエス・キリストがオリーブ山に使徒たちを伴って登っていったときのこととして、他の福音書にも記されています。そのときのキリスト本性は、ナザレのイエスの身体にあって、額《ひたい》に不安の汗を浮かべていたのです。

　これはキリストの人間化を意味しています。キリストはますます人間になって、ナザレのイエスの身体に適応していったのです。エーテル的なキリスト本性がナザレのイエスの身体に似れば似るほど、キリストは人間になり、神としての霊的な奇蹟力は消えました。このことはキリスト存在の受難の道でもありました。この道はヨルダン河でのヨハネの洗礼のすぐあとから始まりました。その頃のキリストは、神の力によって、病人たちを癒し、悪霊たちを追放しました。キリストのそういう行為を目撃した人たちは驚嘆してこう言いました。――こんなことを地上の存在が成し遂げたことは、かつて一度もなかった。

　その頃のキリスト本性はまだナザレのイエスの身体にあまり似ていませんでした。人びとに驚嘆の念を生じさせるところから、キリスト本性がナザレのイエスの身体に似るようになるまで、三年にわたる道が続きました。ナザレのイエスのこの虚弱なからだの中にあって、キリスト本性はもはやピラト、ヘロデ、カイファスの問いに答えることができなくなりました。キリスト本性は、ナザレのイエスのますます虚弱になっていくからだに適応しながら、「お前は神殿を破壊し、三日間で再建してみせると言ったのか」という問いに対して、ナザレのイエスの脆い肉体をかかえて、ユダヤの祭司長の前でもはや語らず、沈黙したままでした。「お前はユダヤ人の王だったのか」というピラトの問いの前でも沈黙し続けました。

　これはヨルダン河での洗礼から無力化に到るまでの受難の道でした。そしてそれからは、以前キリスト本性の超地上的な奇蹟行為に驚嘆した人たちも、もはやキリストをほめたたえることもなく、十字架の前で人間となった神の無力さを嘲《あざけ》りながら、こう言うのです。――「お前が神なら、降りて来い。お前は他の人たちを救ったのだから、今は自分を救え」。

　神としての権力の行使から無力の状態まで、これが神の受難の道でした。人間となった神のための限りなき苦悩の道、ゴルゴタの秘蹟の時代にもたらされた人類のあの苦悩が、この苦難の道につけ加わったのです。そして昨日述べたように、このことが生じたのは、人類が高度に知性を発達させた時代のことでした。

　しかしこの苦悩体験が、聖霊降臨に際して使徒たちに注がれたあの霊を産んだのです。この苦悩から生まれたのが万物に働く宇宙的な愛だったのです。ヨハネの洗礼に際して、地球外の天の領界から地上の領界へ下降したこの愛は、人間に似たものになりました。この愛はどんな人間の思考も考え出せないほどの限りない苦悩を経験しました。最高の、神的な無力の瞬間を経験して人類進化におけるキリスト衝動を生み出したのです。

　私たちがキリスト衝動の深い意味を理解しようとするなら、以上のことに眼を向けなければなりません。キリスト衝動は人類の未来のために理解されなければなりません。それは人間の未来が必要とするものなのです。この衝動こそが、人間の未来の文化の更なる道を辿るのに必要とされるものなのですから。

第四講

一九一三年一〇月五日

第五福音書に関する事柄を語ろうとするとき、ヨハネ福音書の終わりの部分がある種の慰めを与えてくれます。そこにはイエス・キリストのまわりで起こった事件のすべてが福音書の中に述べられているのではない、と記されています。当時のすべてを述べようと思ったら、世界もその書を収めきれないだろう、というのですが、実際、四福音書の中に述べられていることのほかに、もっといろいろなことが生じていたに違いありません。

そこで、この連続講義のテーマである第五福音書に関して、私を理解していただけるように、今日はナザレのイエスの少年時代の物語から始めようと思います。第五福音書に含まれる一二歳の少年イエスのことはすでに別の機会にお話ししたことがありましたが、ほぼその時点からの話をしていこうと思います。

ナザレのイエスが一二歳になったときのことからです。その年にツァラトゥストラの自我が神秘的な行為によって、マタイ伝に記されているイエス少年からルカ伝の始めに記されているイエス少年へ移ったのです。

ですから、私たちの物語をルカ伝のイエスがツァラトゥストラの自我を受容した年から始めようと思います。ルカ福音書はナザレのイエスの生涯の中でのこの瞬間について、次のように語っています。

イエス少年は、祭りに参加するためにエルサレムへ旅をしたのですが、あるとき、いなくなってしまいました。そして、ふたたび見つかったときの彼は、エルサレムの神殿で学者たちの中にいたのです。そのとき彼が学者たちに与えた答えは、学者たちや親たちに驚嘆の念を呼び起こしました。そのとき彼が重要で圧倒的な答えをすることができたのは、ツァラトゥストラの自我が実際にこの少年の中にあって、記憶の深い内実から叡智を引き出し、そして驚くべき答えを与えることができたからです。その後、一方ではナタン系の母の死によって、他方ではソロモン系の父の死によって、この両家族が一緒になり、ひとつの家族になりました。そして、ツァラトゥストラの自我を受けたイエス少年は、その家族の中で成長していきました。

第五福音書によりますと、その後の数年間の少年イエスは、大きく成長を遂げます。まず周囲の人びとは、神殿でのあの出来事、学者たちに対するあの圧倒的な答えによって、イエス少年について途方もない印象を抱くようになりました。彼の周りの人びとは彼の中に来るべき偉大な学者を、高次の特別な学識を身につけた大学者を見て、大きな希望を抱いたのです。彼の発するひと言ひと言が人びとの注意を喚起しました。

けれども、周りの人が彼のひと言ひと言に注意するようになったので、彼は次第にあまり話をしなくなりました。あまりに無口になってしまったので、しばしば周囲の反感を買うようにさえなりました。しかし、彼は心の中で戦っていたのです。一二歳から一八歳までのイエスの内面では、途方もない戦いが演じられていたのです。しかし彼の魂の中には、叡智の宝が輝き続けました。かつてのツァラトゥストラの叡智の太陽がユダヤの学識となって輝いていたのです。

ですから、訪問してきた多くの学者たちの語ったすべては、この上ない感受性で受けとめられ、特別の霊的な力で答えが与えられたのです。そのようにして、はじめのうちイエスはナザレの家を訪ねた学者たちに深い印象を与えましたが、しかしその後、ますます沈黙するようになり、ひたすら他の人の話に黙って耳を傾けるようになりました。しかし、その頃の彼の魂の中には、偉大な理念、道徳の教え、特に重要な倫理衝動が現れていました。

彼は無口でただ傾聴していたのですが、彼の家に集まった学者たちの語る言葉は、彼に深い印象を与えると同時に、しばしば魂を苦しめるきっかけにもなりました。というのは、すでにあの一二歳の頃から、多くの不確かさ、誤謬への傾向が、古い伝統、旧約聖書にまとめられている古い書物についての学者たちの言葉の中にひそんでいる、と思えたからです。しかし、特に彼の魂を抑圧したのは、古代においては霊が預言者たちの上に降りてきて、神自身が古代の預言者たちに霊感を与えたのに、今は霊感が子孫たちから去ってしまった、と聞いたときでした。

しかし、特にあることについて彼はいつも注意深く耳を傾けました。というのは、話題になったそのことが彼自身の身に起こるであろうと感じていたからです。

学者たちはしばしばこう語りました。――例えば、エリヤに降りたあの偉大な霊は、もはや語らない。しかし、いまだに語り続けている霊も存在する。――学者たちの何人かが聴いたと信じた霊界の高みからの啓示、まだ語り続けている霊の声、それは弱くなった声ではあっても、ヤハヴェ神自身の声として何人かの人に聴かれた、と信じられていたのです。

その啓示を与える声、古代の預言者たちに霊感を与えた霊の語る声よりも、もっと弱い声、もっと小さな声、しかし似た内容を語るその声は、バト＝コル（バト「娘」、コル「声」）と呼ばれました。イエスの周りでも何人かはこのバト＝コルのことを話題にしていたのです。

これから申し上げるのは、この第五福音書の内容ではありませんが、バト＝コルの説明には必要なのです。――キリスト教成立後、二つのラビ養成学校の間で争いが生じました。タルムードも述べていますが、有名なラビ、エリエセル・ベン・ヒルカノがある説を唱えました。そしてこの説を証明するために、自分は奇蹟が起こせる、と言いました。ラビ、エリエセル・ベン・ヒルカノは大地からイナゴマメの木を引き出させ、そして――タルムードによれば――、そこから約八〇メートル離れたところにそれを生《は》やさせました。彼は川の水を逆流させました。第三に彼はバト＝コル自身から受けた啓示として、天の声を聞いた、と言いました。しかし、それでも敵対するラビ、ヨシュアのラビ養成学校では、この説を信じようとしないで、ラビ、ヨシュアはこう言いました。

――ラビ、エリエセルは自分の説を補強するために、イナゴマメの木を別の場所に植え替えさせたり、川の水を上流へ逆流させたり、偉大なバト＝コルを引き合いに出したりしているが、律法の書に記されているように、生存の永遠の法則は人間の口、人間の心によって働くのでなければならない。ラビ、エリエセルが自分の説を信じさせようとするのなら、バト＝コルを引き合いに出すのではなく、人の心をとらえることのできるもので、われわれを納得させなければならない。

タルムードに出ているこの物語を私が取り上げるのは、バト＝コルがキリスト教成立後まもなくラビ養成学校の中であまり評価されなくなっているのを知っていただくためなのです。しかしバト＝コルはラビたちや学者たちのもとでは、霊感を与える声として、とても大切にされていました。

ナザレのイエスの家では学者たちが集まって、バト＝コルのこの霊感を与える声について話し合っていました。そして、若いイエスはそのすべてを聞き、自分の中にバト＝コルからの霊感を感じとっていました。注目すべきなのは、イエスの魂がツァラトゥストラの自我を受胎して、自分の周りの人びとの知っていたことをすべて、すぐに受容できたということです。一二歳で学者たちに偉大な返答を与えただけでなく、バト＝コルを自分の胸中に聴きとることもできたのです。

一六、一七歳になったナザレのイエスは、しばしばバト＝コルの啓示の声を感じとりました。しかしイエスはこの事情を通して、きびしく、つらい内なる魂の戦いに導かれました。なぜならバト＝コルは、旧約の古い流れの中ではもはやこれまでのように、古いユダヤの教師たちに語ろうとしなくなるであろう、と彼に啓示したのですから。

そして、ある日――イエスの魂にとって恐ろしいことに――、バト＝コルは彼にこう告げたのです。――私は今は、もはやユダヤ民族の行く末について真実を打ち明けようとは思わない、と。

バト＝コルは、自分はもはや旧い啓示（旧約）の継承者ではない、と若きイエスに打ち明けました。それは若きイエスの魂に恐ろしい印象を与えた、恐ろしい瞬間でした。一六～一七歳になったナザレのイエスは、大地の地面が足下から消えてしまったように感じながら、何日もこう思い続けました。――私に授けられていると思えるすべての魂の力は、ユダヤ教が神霊の啓示を受ける能力をもはや持っていない、と感じている、と。

　こういう思いを経験したナザレのイエスの心の中を覗いてみましょう。それは若きイエスが一六歳、一七歳、一八歳で、仕事のため、その他の事情のために多くの旅をした頃のことでした。その旅の中でイエスはパレスティナの多くの地方を訪ね、またパレスティナ以外の土地をも知るようになりました。アカシャ年代記に詳しく示されているように、その頃、西南アジア一帯、南ヨーロッパに到るまで、ミトラ教というアジアの祭祀が普及していました。そこにはいろいろな別の祭祀もまざっていました。ほとんどあらゆる地方の多くの土地には、ミトラ崇拝のための神殿がありました。ミトラ崇拝は多くの土地で行われていました。アッティス崇拝と似ていましたが、本質的にミトラ崇拝が行われていました。いたるところでミトラ供犠とアッティス供犠を執り行う神殿、聖域がありました。古代異教文化に根ざすこのミトラやアッティス神殿の慣習、儀式がいたるところで見受けられました。

　それがイタリア半島全土にどれほど普及していたかは、例えば、ローマのサン・ピエトロ大聖堂の立っている場所がかつてはそういう礼拝のための土地であったことからも分かります。それどころか、カトリック教徒には罪深いような言い方もしなければなりませんが、サン・ピエトロ聖堂の祭祀やそれに由来するものすべては、その外的形態に関しては、古代アッティス祭祀と似ていなくはないのです。アッティス神殿は、サン・ピエトロ聖堂と同じ場所にその当時、建っていました。そしてカトリック教会のミサは多くの点で古代のミトラ祭祀をただ継承したものにすぎないのです。

そういう古代の祭祀を、ナザレのイエスは一六歳、一七歳、一八歳で経験するようになりました。そして、もっと後になってもその経験を続けました。こういう言い方が許されるなら、イエスはこういう外的な経験を通して、異教徒たちの魂を知るようになったのです。当時のイエスは、ごく当然のように、ツァラトゥストラの自我が彼の魂の中に移ったことによって、他の人たちが苦労して身につけることのできた高度の見霊能力を自然に身につけることができました。ですから彼がこういう祭祀を見たとき、他の人たちが見るときとは、まったく違った体験をしたのです。彼はそのとき、心を震撼させられる出来事を体験したのです。

私が申し上げることはおとぎ話のように聞こえるかもしれませんが、しかしはっきり言わなければなりません。異教の祭壇の前で祭司が礼拝の儀を執り行ったのをナザレのイエスが見霊力で見たとき、その供犠の行為を通して、悪霊たちが引き寄せられるのを見たのです。彼はまた、人びとが祈るときの対象である偶像が高次のヒエラルキアの良き神霊たちなのではなく、悪しき霊の力の模像であることに気がつきました。そしてさらに、この悪しき霊たちの力がさまざまにその儀式に参加する信者たちの中に入っていくのにも気がつきました。こういうことが他の福音書に記されなかった理由は、容易に理解できます。こういう事柄について語るのは、私たちの精神運動の中で初めて可能になったのですから。事実、人間の魂は、私たちの時代になって初めて、この若いナザレのイエスがヨハネの洗礼のずっと以前に経験した途方もなく深い諸体験を、本当に理解できるようになったのです。

　この放浪生活は二〇歳から二四歳まで続きました。いわばルツィフェルとアーリマンに派遣された悪霊たちが人びとの心を支配するのを見たときの彼は、常に心の中を苦しみで一杯にしていました。彼が見たのは、異教が多くの点で悪霊を神々の代わりに崇拝し、悪霊の力を偶像として仰ぎ見ていることでした。異教はこの祭祀によって人びとの心に悪霊の力を引き込み、祈る人びと、良き信仰をもってその祭祀に参加する人びとの中にその力を憑依《ひょうい》させたのです。

　このことがナザレのイエスの辛い経験になりました。そして、ほぼ二四歳のとき、彼は新たに限りなくきびしい体験をもったのです。この体験はバト＝コルによる別の体験と結びつきました。イエスのこのときのことをこれからお話しするつもりなのですが、旅のどの場所でこの出来事が生じたのかを今日はまだお話しできるところにまでは来ていません。場面そのものを正しく見てとることはできたのですが、この情景が演じられたのがどこの土地なのか、今日はまだ分からないのです。しかし、この場面はパレスティナ以外の地で生じたように見えます。ただそれ以上のことはまだ分かりません。

ですから二四歳のイエスは、あるところへやってきました。そこには異教の聖域があり、そこではある神がまつられていました。しかし、その聖地の周りにはあらゆる種類の心の病い、からだの病いに冒された不幸な民衆がいました。その聖地はとうに祭司たちから見放されていました。イエスは民衆の嘆きを耳にしました。——祭司たちはわれわれを見捨てた。供犠を捧げても、何も応えてはもらえない。われわれは肉が腐り、苦しみ悩んでいる。祭司たちがわれわれを見捨てたのだから。

イエスは深い痛みを感じながら、この貧しい人びとを見守りました。苦しむ民衆への限りない愛がイエスの心に燃え上がりました。周りにいる民衆は、この限りない愛をどこかで感じとったに違いありません。祭司からも、神々からも見捨てられたこの苦しむ民衆に、この愛は深い印象を与えたに違いありません。イエスの顔に現れた限りない愛の表現を認めて、人びとは「あなたこそ、われわれに遣わされてきた新しい祭司です」、と言いました。民衆の大半の心の中に、こういう期待が一度に生じたのです。

人びとはイエスを祭壇につれていき、異教の祭壇上にイエスを置きました。イエスは異教の祭壇上に立っていました。人びとは自分たちの神の祝福がふたたび来るように、供犠を執り行うように彼に求め、彼に期待しました。

このことが生じたとき、民衆がイエスを祭壇上に上げたとき、イエスは死んだようになりました。彼の魂は肉体から離れました。周りで自分たちの神が戻ってくるようにと願っていた民衆は、恐ろしい光景を眼にしました。天から遣わされた新しい祭司と思った人物が、死んだように倒れてしまったのですから。

しかし、そのときナザレのイエスの魂は、霊界に引き上げられ、自分が太陽界に移されたのを感じました。そして今、太陽界から響いてくる言葉を聞いたのです。それは以前、バト＝コルを通してしばしば耳にした言葉でした。しかし今、バト＝コルは変身して、まったく別のものになっていました。声がイエスにはまったく別のほうから響いてきました。イエスが今聞いた言葉は、私たちの言葉に移せば、次のようにまとめられます。――私はこの言葉を、つい最近私たちがドルナハ建築のための礎石を置いたとき、初めてお伝えしました。

神秘学上の義務というものがあります。そういう義務のひとつに従って、当時私がお伝えしたのは、バト＝コルの変身した声を通して、ナザレのイエスが聞いた言葉なのです。ナザレのイエスは次の言葉を聞いたのです。――

アウム　アーメン
悪が栄えます
くずれていく自我の証しを

人に明かされる己れの罪を
日用の糧の中に見なければなりません
天の意志はどこにも働いていません
人間はあなた方の国から離れ
あなた方の御名を忘れているのです
天にいます父たちよ

私はこのようにしか、当時イエスが聞いたバト＝コルの変身した声をドイツ語に訳すことができません。このようにしか訳せないのです。これはイエスの魂が今述べた出来事に際して脱魂状態になり、失神からふたたび目覚めたとき、その魂を元へ戻してくれた言葉でした。そして、イエスがふたたびわれに返って、彼を祭壇上に引き上げた、苦しみ悩む周囲の大勢の人たちに眼を向けたとき、この人たちは逃げていってしまいました。そしてイエスが見霊的な眼を後方へ向けますと、この人たちと結びついた悪霊たちの群れが見えました。

これは一二歳のときからのイエスの魂の発展の諸段階における第二の重要な出来事でした。愛する皆さん、成長期のナザレのイエスの魂に最大の印象を与えたのは、魂を浄福な気分に誘うような出来事ではなかったのです。ヨルダン河での出来事が生じる以前の若い時期に、この魂はすでに人間本性の深淵を経験しなければならなかったのです。

ナザレのイエスがこの旅から戻ったのは、家に留まっていた父が死去した時期のことでした。イエスが二四歳の頃のことです。

家に戻っても、古い異教の中に生きていた人びとに憑依した悪霊たちの強い印象が、イエスの心の中に生き続けていました。常にそうなのですが、高次の認識の一定の段階に達するのは、人生の奈落を知ったことによるのです。ナザレのイエスの場合もそうでした。私の知らないある場所で、二四歳の彼は、当時の人類の魂のいっさいの苦悩を引き受けたような人たちの魂に限りなく深く眼を向けたのです。そのとき叡智が、まるで灼熱した鉄のようにイエスの魂を貫き、その魂を見霊的にして、光輝く霊界の広がりを洞察できるようにしたのです。

イエスはバト＝コルの変化した声を聞いたことで、みずからも変化しました。すでに比較的若いときに、平静にしかも深く霊界を見、そして読むことを覚え、そして人生の秘密の深みに眼を向ける人になったのです。彼は人間の苦悩を極限まで、これまで地上の誰も経験したことのないほどに徹底した仕方で考察したのです。

まず彼が知ったのは、単なる学識では足元の大地が失われてしまう、ということでした。次に体験したのは、古い霊聴意識が消えてしまったことでした。次に見たのは、祭祀と供犠が人を神と結びつける代わりに、いろいろな悪霊を呼び出してしまったことでした。人びとは悪霊にみずからを憑依させ、そうすることで魂もからだもあらゆる種類の病気、不幸を招いたのです。たしかに地上のどんな存在も、ナザレのイエスほどに人間の苦悩を深く洞察したことはありませんでした。どんな存在も、悪霊たちに憑依された民衆を見たときのイエスほどに、あの限りなく深い感情を心の中に抱いたことはありませんでした。まだ地上の誰も、どうすれば地上でのこのような苦悩がこれ以上広がらないように抑えることができるのか、という問いに応える用意ができていなかったのです。

このようにしてナザレのイエスは、賢者の智恵を得ただけでなく、生活そのものを通して秘儀参入者になったのです。同じように秘儀に参入した人たちがいました。それは当時、「エッセネ派」として知られた教団に集まった人びとです。エッセネ派はパレスティナの特定の地で一種の秘儀を行い、秘教を学ぶ厳格な教団でした。この教団に加入しようとする人は、少くとも一年間、しかしたいていは数年間きびしい試煉を受けなければならず、至高の霊的存在たちへの奉仕によって、生活態度、礼節によって、正義、人間の平等に対する感受性によって、ものに対する無執着によって、自分が秘儀に参入するのにふさわしいことを示さなければなりませんでした。

入団が許されますと、さまざまな段階を通って、エッセネ派の生活に入らなければなりません。この生活では、一般社会から切り離され、厳格な修道生活を送り、心とからだのいっさいの不浄なものを排除して、霊界に近づくために清浄であることに努めなければなりません。このことは、エッセネ教団のしばしば象徴的な規則の中によく示されています。

アカシャ年代記によると、エッセネという名は、ヘブライ語のエッシンまたはアッシンと関係があり、シャベルまたはスコップの意味だそうです。エッセネ派の唯一の象徴は、小さなシャベルなのですが、これはこんにちまでいくつかの教団のしるしとして伝えられてもいる象徴です。エッセネ派のこの象徴は、次のことを表しています。――金銭は一枚も持たない。採色された門、または近くに像のある門を通らない。

当時のエッセネ教団は、一般にも認められていて、エルサレムの中に無彩色の特別の門を作らせ、そこを通って市内に入ったのです。実際、エッセネ派は彩色された門のところに来ると、いつも引き返さなければなりませんでした。教団の中には古い記録や伝承がありましたが、メンバーはその内容についていっさい口を閉ざしていました。彼らは教えることは許されていましたが、教団内で学んだことしか教えてはなりませんでした。

入団した者は誰でも、財産を教団に委ねなければなりませんでした。エッセネ派のメンバー数は、ナザレのイエスの時代、四千人か五千人ほどの非常に大きい数でした。当時の世界の各地から厳格な規則の下で生きようとする人が集まってきました。この人たちは、どこか遠くの小アジアやもっと遠い地からやって来たときも、自分の家や土地をエッセネ教団に寄贈しましたから、教団はいたるところにある小さな所有地、家、庭園、農地を手に入れました。エッセネ派の共有財産となるべきものを寄贈しない者は、入団できませんでした。すべてはすべてのものに属したのです。個人の財産は認められませんでした。私たちのこんにちの基準からすれば、途方もなく厳格な規則でしたが、一人の教団員は、教団の財産で貧困に苦しむ人たちを支えることが許されていました。ただ自分の家族には援助できませんでした。

ナザレにもエッセネ教団のそのような寄贈をされたところがありました。そしてその場所を通して、ナザレのイエスもエッセネ派のことを知っていました。教団の中心にイエスについての情報が伝えられました。それはすでに述べたように、ナザレのイエスの魂の中へ送られた深い叡智についての情報でしたが、その情報に接したエッセネ派のもっとも優れた人物たちは、一種の気分を抱いていたのです。――一種の予感、予見をもっていたのです。世界が正しい方向へ向って進んでいくためには、一種のメシアとなって働くことのできる特別の魂が現れなければならないはずだという思いを、です。

ですからこの人たちは、どこかに特別優れた魂がいるにちがいない、と眼を光らせていました。そして、ナザレのイエスの魂の中に生じたあの深い叡智のことを知らされて、深く心を動かされたのです。エッセネ派は、ナザレのイエスにはじめの試練を受けさせることなく、一種の客分として、彼らの共同体に――教団そのものにとは言いませんが――受け容れました。そしてもっとも優れたエッセネ派の人たちは、教団の秘密に関してもこの賢い若者を信頼し、心を開いて打ち明けました。

若いイエスは、エッセネ教団からヘブライ民族によって保たれてきた秘密について、父の家での学者たちからよりも、はるかに深い内容を伝授されました。以前自分で、バト＝コルを通して、魂の中で悟りのように聴き知ったいくつかの事柄もあらためて教えられました。こうしてナザレのイエスとエッセネ派との間に活発な思想の交流がなされました。そしてイエスは、二五、二六、二七、二八歳の頃にさらにそのあとでも、エッセネ教団から受けることのできたほとんどすべてを、このエッセネ派との交流の中で伝授されたのです。

言葉では伝えられないものも、いろいろな見霊体験を通して、彼に示されました。イエスは重要な見霊体験をエッセネ派の共同体内で、その後、ナザレの自宅で持ちました。ナザレの家では、より瞑想的な生活の中で、霊的な働きを魂の中へ作用させました。この霊的な働きは、エッセネ派の人たちには感じとれないものでしたが、しかしエッセネ派の人たちとの対話の結果、体験できたのです。

そういう霊的体験のひとつを、ここで取り上げなければなりません。それは人類の霊的進化に直接光を投げかけるものなのですから。ある強力な、重要なヴィジョンを、イエスは一種の脱魂状態の中で体験したのです。そのヴィジョンの中で、仏陀が眼前に現れました。仏陀はエッセネ派の人たちとの話し合いの結果として、イエスに現れたのです。この時期にイエスと仏陀の間で霊的な会話が交わされたのです。今、皆さんにこの霊的な会話の内容をお伝えするのは、私のオカルト上の義務だと思います。なぜなら私たちはこんにち、人類進化のこの重要な秘密に触れることができたのですから。いや今、私たちは触れなければならないのです。

この重要な会話の中で、ナザレのイエスは仏陀からこう言われました。――「私の教えが完全に生かされたなら、すべての人がエッセネ派のようになってしまうだろう。しかし、そうなってはならない。それは私の教えの誤りだった。エッセネ派の人びとも、他の人びとから自分を隔離することで、さらに先へ進むことができる。しかし彼らの心の中には、ほかの人びとの魂が生きていなければならない。私の教えをまっとうしたなら、みんながエッセネ派になってしまう。しかし、そうなってはならない」。

これはエッセネ派の共同体を通してナザレのイエスが得た重要な体験でした。

もうひとつ、次のような体験も持ちました。ナザレのイエスは自分と同じ年頃の若者と知り合いました。彼はもちろんイエスとは違った仕方でエッセネ教団に来たのですが、完全なエッセネ派になることなく、エッセネ共同体のいわば世俗の兄弟にとどまりました。それが後の洗礼者ヨハネでした。彼はエッセネ派のような身なりをし、冬はラクダの毛衣をまとっていました。しかし、彼はユダヤ教の教えをエッセネ派の教えとすっかり取り替えたのではなかったのです。けれどもエッセネ派の教え、エッセネ派の生き方から大きな印象を受けたので、エッセネ派のように生き、そこでの印象を受けとりながら、次第に霊感をもつようになり、次第に福音書の述べるような洗礼者ヨハネになったのです。

ナザレのイエスと洗礼者ヨハネとの間では多くの話し合いがなされました。そして、ある日――いろいろ話をしていきますと、どんなことになるか分かりませんが、それでも申し上げなければなりません。オカルト上の義務に従ってこう申し上げるのですが――、洗礼者ヨハネと話していたとき、ナザレのイエスの眼の前から洗礼者ヨハネの肉体が消え、そして、エリヤのヴィジョンが現れたのです。これは、エッセネ教団の共同体での第二の重要な内的体験でした。

しかし、他にもいろいろ体験がありました。ずっと前からナザレのイエスは、特別のことを観察することができました。すなわち、彼がエッセネ派の門のあるところに、何も描かれていない門のところへ来ると、辛い思いなしには門を通り抜けられなかったのです。イエスは何も描かれていない門を見ました。しかし、その門には霊的に図像が見えたのです。そういう門の両側にいつでもアーリマンとルツィフェルが現れたのです。そして、次第に心の中で次のような思いが強くなったのです。――門の図像に対するエッセネ派の嫌悪が、そのような霊的本性たちを招き寄せたのではないのか。イエスは何度もこのことを意識させられました。何度もこういう感情が魂の中に生じたのです。

こういう体験をすると、そのことをあれこれ穿鑿《せんさく》しようとはしなくなります。なぜなら、魂を震撼させられるような体験だったからです。こういう体験を探求するには、人間の思考は十分な力をもっていないのです。こういう事柄に迫るには、思想は無力なのです。しかしこういう印象は、魂を深く刻印づけるだけでなく、魂の一部にさえなるのです。こういう体験が自分の魂の一部になったように感じられるのです。そのようにして、この体験を担って生きていくのです。

ナザレのイエスは、エッセネ派の門にしばしば見出したルツィフェルとアーリマンのイメージを抱いて生きていきました。はじめは、この霊的本性たちとエッセネ派との間には秘密の関係がある、という思いを抱いただけでした。そして彼の魂に及ぼした作用は、エッセネ派との関係にも及ぶようになりました。この体験があってから、イエスの魂の中で、良い相互関係を保つことができなくなりました。イエスの魂の中に、エッセネ派に対してはっきり口に出すのがためらわれるような何かが生じたのです。なぜならエッセネ派の人と話をするたびに、エッセネ派の門で体験したことが思い出されたからです。

ある日、大切な霊的問題について話し合ったあとで、イエスがエッセネ派の本館の門を出、その門を通り抜けたとき、ルツィフェルとアーリマンがエッセネ派の修道院の門から逃げていくのを見たのです。そのとき、ひとつの問いが心中に生じました。これらルツィフェルとアーリマンたちは、どこへ逃げていくのだろう。その問いは知的な問いだったのではなく、深い、根源的な力で魂の中に迫ってきたのです。エッセネ派の修道院の聖なる雰囲気がルツィフェルとアーリマンを逃げるように促したのだ、ということは分かりました。しかし、どこへ逃げていくのか、という問いがイエスの心を捉えたのです。

　この問いはもはやイエスの心から離れることはありませんでした。まるで火のように彼の心を燃やしました。それに続く数週間、毎時間、否、分刻みにこの問いが彼の心に浮かび上ったのです。霊的な話し合いをしたあとで、エッセネ派の本館の門を出たときから、ルツィフェルとアーリマンはどこへ逃げていったのか、という問いがイエスの心の中で燃え続けたのです。

　ナザレのイエスは、古い霊感が失われてしまったこと、宗教と祭祀が悪霊の手に落ちたこと、異教の祭壇で気絶してバト＝コルの声を聴いたこと、そしてバト＝コルの言葉の意味を自分に問いかけなければならなかったこと、そういうことのあったあとで、彼の心の中に生き続けるこの問いの印象の下で、彼がさらに何を行ったのか、それについては、明日さらにお話ししようと思います。

第五講

一九一三年一〇月六日

昨日は、ほぼ一二歳から二〇代の終わりまでのナザレのイエスの生涯に眼を向けました。私の話から感じとっていただけたと思いますが、この時代にイエスの魂にとってのみならず、人類の進歩そのものにとっても意味深い事柄が生じたのです。実際、霊学研究によって持つことのできる根本感情から、皆さんはそのすべてが人類の進歩と関連しており、その魂のいとなみが人類全体にとって無限に多くの意味をもっているある人物をめぐる出来事だからこそ、まさに人類全体の進歩にとっても意味をもっているのだということが、分かっていただけたと思います。

私たちは、ゴルゴタの出来事が人類の進歩にとってどういう意味をもっているのか、いろいろな側面から学んできました。今回の連続講義では、イエス・キリストの生涯そのものを考察することによって、このことを学びたいのです。そこで昨日は、一二歳からヨルダン河での洗礼に到るまでの時期に眼を向けましたが、今日はもう一度、イエスの魂に眼を向け、そして、こう問いたいと思います。――昨日お話しした重要な諸事件が二八歳、二九歳までに生じたあとで、イエスの魂の中には、一体どんな思いが生じていたのだろうか。

イエスが二〇代の終りに体験したある情景のことをお話ししたら、たぶんイエスの心の中に何が生きていたのか、感じとっていただけると思います。それはイエスが母親と交わした話に関わる情景です。そのときイエスは両家族がひとつになったことで、今、イエスの母となった人物と話し合っていました。

イエスは、長い年月をかけてこの母ととてもよく理解し合えるようになっていたのです。他の家族たちよりもこの母とのほうが、はるかによく理解し合えました。イエスのほうは他の家族とよく分かり合えたのですが、他の家族たちはイエスを理解できなかったのです。以前にもイエスと母との間で、いろいろ話し合いがなされてきましたが、今、とても大事な話し合いが行われたので、今日は、イエスの心に深い印象を残したこのときの対話に眼を向けたいのです。

ナザレのイエスは、昨日述べた諸体験を通して、次第に変化を遂げ、無限の叡智を顔の中にあらわすようになりました。けれども、叡智が、たとえもっとわずかであっても、ある人の魂の中で育っていくときはいつもそうであるように、イエスの心も悲しみに閉ざされたのです。叡智は、はじめは心に豊かさを与えましたが、その心が周囲の人びとに向かうと、とても悲しい思いに導いたのです。しかもその上、二〇代後半のイエスは、ひとり静かな時間になると、ますますひとつのことに心が向かったのです。――一二歳のときに自分の魂の中に激変が生じたときのことを繰り返して想い起こしたのです。

その激変はツァラトゥストラの自我が彼の魂の中に移ったことの結果でした。二〇代の終わり頃の彼はまだ、自分がツァラトゥストラの生まれ変わりであることを知らずにいましたが、自分が一二歳になったあと、このツァラトゥストラの魂の限りない豊かさを自分の中に感じたことを、考えないわけにいきませんでした。そして、一二歳のときに圧倒的な変化が自分の魂の中に生じた、ということはよく分かっていたのです。そして、何度もこういう感情を抱きました。――一二歳の時のこの変化以前の自分は、なんと違っていたことだろう。

その頃の自分のことを考えてみると、その頃の心は、限りなく温かかったのです。その頃は、少年として、まったく世間知らずでした。自然の壮麗な美を生きいきと感じとることはできましたが、世間的な事柄については、あまり心が廻らなかったのです。学校で学ぶような事柄にはどうしても興味がもてませんでした。ツァラトゥストラが彼の魂の中に移ってくる前のイエス少年は、特別才能があるわけでもなく、外から見て特別優れてはいませんでした。しかしその代わり、非常に温和で優しい人柄で、愛に充ち、深い内面性を示し、人間らしさには広く心を開いていました。しかし、知識、時代と共に蓄積されてきた知識のすべてには、興味が持てませんでした。ところが、エルサレムの神殿でのこの瞬間のあとでは、そういうすべてが彼の魂から抜け出て、その代わりにあらゆる叡智が流れ込んできたのです。

　そして今、イエスは何度も、自分がかつては世界の深い心の人びととまったく別のやり方で結びついていた、まるで魂が果てしない彼方、限りない深みへと向かって心を開いていたかのようだった、と思わざるをえなかったのです。そして一二歳以降は、ヘブライの学識を学ぶのに適している自分を見出したのです。そうは言っても、この学識は、もともと自分の中から出て来たかのようでした。彼はバト＝コルがもはや以前のようには霊感を与えてくれなくなったことに心を震撼させられ、それから旅に出て、異教の祭祀を知るようになったこと、異教文化のすべての知識、すべての宗教性を吸収したことを考え、そして感じなければなりませんでした。

　彼は自分が一八歳から二四歳までの間、物質文明のすべてを体験し、そしてほぼ二四歳でエッセネ派の共同体に入ったこと、そこで秘教に通じている人びとと知り合ったことを想い起こしました。そういうことを何度も繰り返して想い起こしました。しかし同時に彼は、こういうことのすべては太古以来、人間が蓄えてきた知識にすぎないとも思いました。人間の叡智の財宝、文化、道徳の成果の数かずの中で自分が生きていたこと、一二歳の時からは地上の人間の中で生きてきたことを、彼はあらためて感じました。そしてそれ以前の自分は、いわば存在の神的根拠と結びついており、自分の中のすべてがもっと根源的で、すべてが湧き立つような生命のいとなみから生じ、すべてが温かい、愛の心情から生じ、すべてが自分を他の人びとの魂と深く結びつけていたのに、今は孤独で話し相手もいない、と繰り返し思い、そう感じました。

こういう感情のすべてが、母となった人物と彼との間に、話し合いを生じさせました。母は彼のことを特別深く愛していました。彼女はしばしば一二歳になってから現れた見事な才能のことを彼と話題にしました。この義理の母との間には、ますます心のこもった、すばらしい関係が育っていきました。しかし、彼はそれまで内面の葛藤については、母に何も語りませんでした。だから彼女は、いい面ばかりを見ていたのです。

彼女は、イエスがますます賢くなり、人類全体の進化にますます深く関与していくのを見ていたのです。ですから一種の懺悔《ざんげ》のようなこの話し合いから、多くのことを初めて聞かされたのです。しかし、彼女はそのすべてを思いやりのある、温かい心で受けとりました。彼の悲しみ、一二歳以前に戻りたいという思いを、彼女はストレートに受けとめ、理解しました。それゆえ彼女は、そのときから彼の中で見事にあらわれたすべてを話題にして、彼をほめ、励ましたのです。彼女はユダヤ教の偉大な教え、叡智ある言葉、律法の改新について彼から知りえたすべてを彼に思い出させました。彼によって知らされたすべてについて、彼女はイエスと話し合いました。しかし、そういう母の話を聞けば聞くほど、ますます彼の心は重くなりました。

彼女の評価してくれたすべてを、彼はすでに心の中で克服していたのです。

そして最後に、彼はこう答えました。――「きっと、おっしゃる通りだと思います。しかし今、私か別の誰かによってユダヤ教のすばらしい古い叡智の宝のすべてが新たに甦るとしても、そういうことが人類にとってどんな意味があるのでしょうか。こういう仕方でおもてに現れたすべては、もともと何の意味もないのです。私たちのまわりに、古い預言者たちの言うことに耳を傾ける人がいるとしたら、そういう人にとって、古い預言の叡智の宝が新たに甦ることには意味があるでしょう。しかし、誰かが昔の預言者のように語ることができたとしても、もし今、エリアが現れて、天国で経験したもっとも大切なことを人びとに伝えようとしたとしても、そういうエリアや昔の預言者たちやモーセやアブラハムに到るまでの叡智に耳を傾ける人など、いないのです。預言者たちの宣《の》べ伝えたことのすべては、こんにちでは何も伝えられないでしょう。彼らの言葉は誰の耳にもとどかず風の中に消えてしまうでしょう。ですから、私の魂の中にあるすべては、価値がないのです」。

ナザレのイエスはそう語って、最近もひとりの偉大な教師の言葉が大きな影響をもつことなく消えてしまった、と言いました。彼が示唆したのは昔の預言者にも較べられるような、ヒレルのことでした。ヘロデの苦難の時代に霊的な教師として尊敬を一身に集めていたこの老ヒレルがユダヤ教の多くの信者にとってどれほど重要な存在だったか、イエスはよく知っていました。ヒレルは偉大な叡智を身につけていました。それにもかかわらず、ヒレルの言葉があまり人びとの心にとどいていなかったことも、イエスには分かっていました。とはいえ、ユダヤ教の最古の重要な律法全体である失われた「トーラ」が、今ヒレルによってふたたびもたらされた、と噂《うわさ》されていました。

ヒレルの時代の人びとにとって、ヒレルはユダヤ教の根源の叡智の復興者でした。彼は真の師にふさわしく、旅を続けていました。その根本性格は優しく、一種のメシアだったのです。こういうことは皆、「タルムード」（ユダヤの聖典、四～五世紀成立）に記されていますし、文献学的にも認められています。人びとはヒレルを讃美し、彼の優れた点をいろいろ語ってきました。私は、母にヒレルについて語ったときのイエスの思いを示す例をいくつか取り上げようと思います。

ヒレルは温和な優しい人柄で、その優しさ、愛情によって人びとに深い印象を与えました。彼がどんなことに対しても、その優しさを失わなかったことについて、こんな話が残っています。――

二人の人が、ヒレルを怒《おこ》らせることができるかどうか、賭《かけ》をしました。ヒレルは怒ったことがない、と言われていたのです。一人が言いました。

「私なら、なんとかしてヒレルを怒らせてみせる」

彼は賭に勝つために、サバト（安息日）の前のもっとも忙しいときを見計らって、ヒレルの家の扉をたたき――ヒレルは長老会の議長でしたので皆から敬意を示されていたのですが――、ひどく無礼な口調で「ヒレル、出てこい。すぐ出てこい」と叫びました。

ヒレルはマントをまとって出てきました。その男は相手の心を傷つけるような口調で、「ヒレル、訊きたいことがある」と言いました。「愛する方、何をお聞きになりたいのですか」と、ヒレルは優しく答えました。

「お前に訊きたい。なぜバビロニア人の頭は細長いのか」

そうすると、ヒレルは優しい口調でこう言いました。

「愛する方、バビロニア人の頭が細長いのは、お産婆さんたちが不器用だからです」

男はそこから離れながら、ヒレルは相変わらず優しかったな、と思いました。ヒレルはふたたび仕事に戻りました。

ところが、何分もたたないうちに、その男は引き返してきて、またつっけんどんな口調で「出てこい！」と叫び始めました。

「ヒレル、訊きたいことがある。大事なことだぞ。はやく出てこい」

ヒレルは仕事からまた離れ、またマントをまとって出てきました。

「やあ、愛する人、また訊きたいことって何ですか」

「なぜアラビア人の眼はあんなに小さいのか」

優しくヒレルは言いました。

「砂漠が広すぎるのですよ。広すぎる砂漠が眼を小さくしたのです。大きな砂漠を見ると、眼が小さくなります。だからアラビア人の眼は小さいのです」

男は賭に負けるのではないか、不安になりました。そこで三度目にまたやってきて、また叫びました。

「ヒレル、出てこい。大事なことを訊きたい」

ヒレルはマントをまとって、出て来ました。そしてまったく変らぬ優しい口調で言いました。

「やあ、愛する人、今度は何が訊きたいのですか」

「なぜエジプト人の足は平べったいのか」

「なぜなら、あの地方は沼地なので、それでエジプト人の足は平べったいのです」

そして、静かにゆっくりとヒレルはまた仕事に戻りました。何分もたたないうちに、その男はまたやってきて、ヒレルに、もう何も訊きたいことはありません。自分はヒレルを怒らせることができるかどうか、賭をしたのです。でも、怒らせるのにどうしたらいいか、もう分からなくなりました、と打ち明けました。そこでヒレルは優しくこう言いました。

「愛する人、ヒレルを怒らせるより、あなたが賭に負けるほうがいいですよ」

この物語は、自分を悩ますどんな人に対しても、ヒレルがどんなに優しかったかを示しています。ナザレのイエスは母に向かってこう言いました。――「この人は多くの点で昔の預言者のようです。ヒレルの語ったことは、昔の預言を甦らせているように聞こえます」。そう言って、いくつかヒレルの言葉を引用してから、さらにこう言いました。――「お母さん、ヒレルについて、彼は昔の預言者の再来だ、と言われています。私が彼に特別興味があるのは、ヒレルと私との間に、何か特別の関係があるような気がしているからです。私の知っていることが、私の中に生きている霊の啓示が、ユダヤ教に由来するものだけではないように思えてなりません」。

そして、ヒレルの場合もそうだったのです。彼も外的な誕生からいえば、バビロニア人で、ずっとあとになってユダヤ教徒になったのです。しかし彼もまた、ナザレのイエスやその家族同様、太古からダビデ族の親類でした。ダビデ族の出でした。それでイエスはこう言いました。――「たとえ私がヒレルと同じようにダビデ族の子として、悟りのように私の魂の中に注がれた高い啓示を、かつてユダヤ民族に与えられたのと同じ啓示を語ろうとしても、今ではそれを聞く耳がないのです」。

深い苦悩が彼の魂の中に宿っていたのです。なぜなら、かつてはユダヤ民族に世界の最大の真実が与えられており、ユダヤ民族のからだもそのような啓示を理解できたのに、今は時代が

郵便はがき

料金受取人払郵便

神田局
承認

1280

差出有効期限
令和5年3月
31日まで
（切手不要）

101-8791

535

千代田区外神田
二丁目十八―六

春秋社

愛読者カード係

＊お送りいただいた個人情報は、書籍の発送および小社のマーケティングに利用させていただきます。

(フリガナ) お名前	歳	ご職業
ご住所 〒		
E-mail 小社より、新刊／重版情報、「web 春秋 はるとあき」更新のお知らせ、イベント情報などをメールマガジンにてお届けいたします。	電話	

※**新規注文書**（本を新たに注文する場合のみご記入下さい。）

ご注文方法 □**書店で受け取り** □**直送(代金先払い)** 担当よりご連絡いたします。

書店名	地区	書名	冊
			冊

ご購読ありがとうございます。このカードは、小社の今後の出版企画および読者の皆様とのご連絡に役立てたいと思いますので、ご記入の上お送り下さい。

〈書　名〉※必ずご記入下さい

●お買い上げ書店名(　　　　　地区　　　　　　　　　書店　)

●本書に関するご感想、小社刊行物についてのご意見

※上記をホームページなどでご紹介させていただく場合があります。(諾・否)

●購読メディア	●本書を何でお知りになりましたか	●お買い求めになった動機
新聞 雑誌 その他 メディア名 (　　　　)	1. 書店で見て 2. 新聞の広告で (1)朝日 (2)読売 (3)日経 (4)その他 3. 書評で (　　　　　紙・誌) 4. 人にすすめられて 5. その他	1. 著者のファン 2. テーマにひかれて 3. 装丁が良い 4. 帯の文章を読んで 5. その他 (　　　　　　　　)

●内容	●定価	●装丁
□ 満足　□ 不満足	□ 安い　□ 高い	□ 良い　□ 悪い

●最近読んで面白かった本　(著者)　　　　　　(出版社)

(書名)

㈱春秋社　電話 03-3255-9611　FAX 03-3253-1384　振替 00180-6-24861
E-mail:info@shunjusha.co.jp

変わり、ヘブライ民族のからだも変化し、もはや父たちの古い啓示を理解することができなくなってしまったからです。

途方もなく深い苦悩をイエスは体験しました。彼はこう語りました――「かつて、預言者たちの教えは理解されていました。神の言葉はヘブライ民族によって理解されました。しかし今は、誰もそれを理解していません。もはや受け容れられなくなってしまったのです。それを理解する耳がもはやないのです。ですから、いくらこういう仕方で語っても、その語る内容のすべては、価値がなく、有用でもないのです」。

ナザレのイエスは母に、自分の言いたいことをまとめるように、こう言いました。――「昔のユダヤ教の啓示は、もはやこの地上では可能ではないのです。なぜならそれを理解する昔のユダヤ人はもういないのですから。私たちの時代には、この啓示は無価値になったのです」。

母は不思議なことに、自分にとってもっとも聖なるものが無価値だ、というイエスの言葉を静かに受けとめました。母はイエスを心から愛し、限りない愛だけを感じていましたから、イエスの語る言葉を深い感情をもって理解することができたのです。

イエスはさらに、異教の祭壇で体験したことにも言及しました。彼が異教の祭壇で気を失って倒れたとき、変化したバト＝コルを聴いたことが彼の心の中に甦ってきました。そのとき、昔のツァラトゥストラの教えが思い出されました。自分の中にツァラトゥストラの魂が生きているとはまだ意識していませんでしたが、ツァラトゥストラの教え、その叡智、その衝動が、母との語り合いの中で甦ってきたのです。

彼は母と一緒にこの偉大なツァラトゥストラの衝動を体験しました。かつての太陽の教えの美しさ、偉大さが彼の心の中にはっきり印象づけられました。彼は思い出しました。異教の祭壇の傍らに倒れていたとき、啓示のように聴いた言葉を。私が昨日お話しした変化したバト＝コルの言葉を彼は思い出したのです。そして、それを母にこう語りました。——

アウム　アーメン
悪が栄えます
くずれていく自我の証しを
人に明かされる己れの罪を
日用の糧の中に見なければなりません
天の意志はどこにも働いていません
人間はあなた方の国から離れ
あなた方の御名を忘れているのです
天にいます父たちよ

そしてこの言葉と共に、ミトラ崇拝の偉大さのすべてがイエスの魂の中に甦りました。イエスは古代異教のすばらしさ、偉大さについて母と話し合いました。ミトラ礼拝の中には小アジアと南ヨーロッパの秘儀が融合している、と母に語りました。けれども同時に彼は魂の中に、恐ろしい思いを抱いていました。すなわち、この礼拝が次第に変化していき、二四歳の頃に体験した悪霊たちの手に落ちてしまった、という思いをです。その当時体験したことがすべて思い出されました。古代のツァラトゥストラの教えも、今ではもはや受け容れられないようなものになっていました。

こういう印象の下に、イエスは母に第二の重要な言葉を発します。――「古代の秘儀のすべてが今甦ったとしても、それに耳を傾ける人がいないのです。どれも役に立たないのです。私が古代のバト＝コルの変化した声を聴き、外へ出ていって、それを人びとに伝えたとしても、肉体をもった人間がもはや秘儀と共に生きられなくなってしまったのはなぜか、と私が秘密を語ったとしても、またはツァラトゥストラの太陽の叡智を語ったとしても、それを理解してくれる人はいないのです。今では、人間の中のすべてが悪霊の手に落ちてしまいました。人びとの魂はそういうことに耳を傾けることができなくなってしまったのです。人びとはかつて語られた聖なる声を聴けなくなってしまったのです」。

ナザレのイエスは今、身に沁みて分かったのですが、「アーメン、悪が栄えます」と呼びかけたバト＝コルの変化した声は古い聖なる教えであり、この圧倒的な祈りは秘儀のいたるところで唱えられていたのです。けれども、その祈りは今では忘れられてしまいました。今イエスが知ったのは、自分に与えられたこの祈りの言葉が古い秘儀の叡智を指示しており、自分が異教の祭壇で脱魂状態に陥ったとき、この叡智を受けとったのだ、ということでした。しかし彼は同時に、それをふたたび理解できるものにすることはとてもできないと悟り、それを母との対話の中で語ったのです。

それからイエスは母との対話を続ける中で、エッセネ派の中で学んだことについても話しました。エッセネ派の教えの美しさ、偉大さ、輝きについて語り、エッセネ派の優しさ、寛容さに思いを寄せつつ、第三の重要な言葉を発します。それはヴィジョンとして体験した仏陀との対話を通して明らかになった思いを述べたものでした。――「みんながエッセネ派になることはできない！」

ヒレルの言ったことは正しかったのです。彼はこう言いました。――「みんなの中から離れてはいけない。みんなの中で働きなさい。あなたの愛を同胞たちに向けなさい。あなたがたったひとりだったら、そういうあなたは何者でもないのですから」。

しかし、エッセネ派の人たちはみんなから離れていたのです。世間から離れて、聖なる生活の中に引きこもり、そうすることで他の人たちを不幸にしていたのです。なぜなら人間は、相手から離れると不幸にならざるをえないのですから。

それでイエスは母に、昨日述べた体験を語りながら、第三の重要な言葉を発したのです。

――「あるときエッセネ派の人たちとこの上なく重要な、打ちとけた会話をしました。そして、そのあと外へ出て、表玄関に出たとき、ルツィフェルとアーリマンがそこから逃げていくのを見たのです。お母さん、そのときよく分かったのです。エッセネ派は、その生活態度、その神秘教義によって、自分たちをルツィフェルとアーリマンから守っているのです。ですからルツィフェルとアーリマンは門の外へ逃げていかなければなりません。しかしエッセネ派がそうすることで、ルツィフェルとアーリマンを自分たちのところから他の人たちのところへ送り込んでいるのです。エッセネ派の魂が幸せなのは、他の人たちの犠牲によるのです。自分たちがルツィフェルやアーリマンから身を守っているおかげで、幸せなのです。

エッセネ派の下での暮しを通して、今、悟りました。神霊存在と結びつくことのできる道を歩むには大勢の人の犠牲が必要なのです。ユダヤの道も、異教徒の道も、エッセネ派の道も、人類全体に神霊界との結びつきを生じさせようとしていないのです」。

この言葉は愛する母の魂の中に深く入っていきました。この対話中、イエスは母と心をひとつにし、心がひとつになっていました。ナザレのイエスの魂全体、自我全体がこれらの言葉の中に生きていました。私はここで、ヨハネの洗礼以前のこの母との対話の中で生じたひとつの秘密に触れておきたいと思います。すなわち、何かがイエスから母へ移ったのです。イエスが母と、一二歳のときから深く結びついていたので、言葉と共に彼の本質全体が彼女に移ったのです。イエスにとっては、まるでわれを忘れ、自我がどこかへ行ってしまったかのようでした。しかし母にとっては今、自分の中に新しい自我が入ってきたのです。彼女は新しい人格になりました。そのとき起こったことを知ろうとしますと、次のような驚くべきことが明らかになります。――

イエスの魂が受けとった恐ろしい苦悩が、そのとき母の魂の中へ注ぎ込まれ、彼女はまるでイエスの苦悩と一体化したように感じました。一方、イエスはこの対話中、一二歳の頃から生き続けたすべてが、まるでどこかへ行ってしまったかのように感じました。彼がこのことを話せば話すほど、母はイエスの中に生きていた叡智のすべてに包まれました。一二歳のときから彼の中に生きていたすべての体験が、今、愛する母の魂の中に生き始めました。しかしその代わり、そのすべての体験はイエスから消えていきました。イエスはまるで一二歳のときから体験してきたことを、母の魂の中へ送り込んだようでした。そして母の魂は、それによって変化を遂げたのです。

イエスもまた、あの対話以来、すっかり変わってしまいましたので、兄弟たち、義理の兄弟たちは身近かにいて、イエスの頭が変になったと思いました。もったいない。彼はあんなに多くのことを知っていたのに。いつも沈着だった彼が冷静さをまったく失ってしまった。そう彼らは言い合いました。

イエスは救いようのない状態にいるように見えました。一日中、夢見心地で家の中を歩き廻りました。ツァラトゥストラの自我は、イエスのこのからだから離れて、霊界へ移ろうとしていました。そして彼は、最後の決断に達したのです。内的な衝動に駆られ、どうしようもなく、彼は数日後には家を出て、洗礼を受けるために、前から知り合いだった洗礼者ヨハネのところへ行ったのです。

そして私が何度も「ヨルダン河でのヨハネの洗礼」と呼んだあの出来事が生じました。キリストの本性がイエスのからだの中に降下したのです。

以上のような経過を辿ったのです。今、イエスは、キリストの本性に浸透されました。母とのあの対話以来、ツァラトゥストラの自我は背後に退きました。そして一二歳になるまで彼であった存在が、ふたたびそこにいました。しかし、かつてよりも成長し、より大きな存在になって、そこにいました。今、心情の限りない深み、果てしない彼方にまで開かれた感情を担ったこのからだの中へ、キリストが降下したのです。今、イエスは、キリストに浸透されました。しかし母もまた新しい自我を獲得して、新しい人格になりました。

ヨルダン河で洗礼が行われた同じ瞬間に、母もまた、自分が変容を成し遂げたと感じました。

当時、母は四五、六歳でしたが、そのとき彼女は、一二歳のときツァラトゥストラの自我を受容したイエスの実母で、今は亡きマリアの魂に、一気に浸透されたように感じました。キリストの霊がナザレのイエスの中に降下したように、それまで霊界に留まっていたもう一人のマリアの霊は、イエスと前述の対話を交わした義母の中に降下したのです。義母のマリアはそのときから、自分がかつてルカ福音書のイエスを産んだあの若い母であるかのように感じました。

　このことがどんなに重要な事件だったか、どうぞイメージしてみて下さい。そのことを正しく感じとって下さい。そして同時に、今や地上にまったく特別の存在が生きるようになったということも感じとって下さい。

　キリストの本性が人の体の中に生きたのです。この本性はそれまで人体の中で生きたことはありませんでした。それまでは霊界の中にあって、地上のことを体験したことはありませんでした。地上世界については、ナザレのイエスの肉体、エーテル体、アストラル体という三つの体の中にいわば貯えたものだけを経験したのです。この本性は、この三つの体の中に沈み込みました。そして、この三つの体は、三〇年の生活を通して育った体でした。その体の中で、キリスト本性は、地上での事柄を、まったくとらわれることなく体験したのです。

　第五福音書というアカシャ年代記が示すように、このキリスト本性は、まず孤独の中に導かれました。このキリスト本性を受けたナザレのイエスは、それまで自分が結びついていた地上のすべてを放棄しました。キリストの本性が自分の中に降臨したのです。キリスト本性はまず、体的諸印象を通してアストラル体の中にしっかりと刻印づけられていた記憶内容に引き寄せられ、そして、ほぼ次のような思いをもちました。――この体が逃げていくアーリマンとルツィフェルを体験したのだ。修行するエッセネ派の人びとがアーリマンとルツィフェルを他の人びとのほうへ追いやったと感じたのは、この体だったのだ。

キリストはアーリマンとルツィフェルのところへ行こうと思いました。彼はこう思ったのです。――人びとは、この霊的存在たちに対して地上で戦わなければならないのだ。

こうしてキリスト本性は初めて地上の人体の中に住み、初めて荒野の孤独の中で、ルツィフエルとアーリマンと戦うようになったのです。

これからお話しするように、聖書に述べられている誘惑の場面はまったく正しいのです。しかし、こういう事柄をアカシャ年代記の中に読みとることは、非常に難しいので、更なるオカルト研究に際しては、あれこれの事柄をわずかながら変更することがありうる、と申し上げておきます。しかし、本質的な事柄ははっきりしているので、それを皆さんにお伝えしたいのです。誘惑の場面は、それぞれの福音書でいろいろ語られています。いろいろな側面から語られているからです。このことは、何度も申し上げてきました。私はこれまでも、この誘惑の場面が実際はどうであったのか、とらわれずにお話ししようとしてきました。

キリスト本性は、ナザレのイエスの体内にあって、孤独な中で、まずルツィフェルと出会いました。自分を過大評価し、自己認識と謙虚さを十分に持たないとき、ルツィフェルがその人のところに誘惑しようとやってきます。間違ったプライド、高慢、尊大に陥ると、いつでもルツィフェルが誘惑しようとやってきます。今、そのルツィフェルがイエス・キリストのところへやってきて、聖書の中にあるような言葉を投げかけます。——私を見なさい。他の神霊たちが築いた人間たちのための諸国は、古くなっている。しかし、私は新しい国を築こうと思う。私は古い宇宙秩序から解放された。もしあなたが私の国に入ってくるなら、古い国々の美と壮麗のすべてをあなたに与えよう。しかしそのときは、他の神々から離れて、私を認めなければならない。

そして、ルツィフェルは自分の国の美と壮麗のすべてを語ります。人間の魂が少しでも高慢であったなら、その人間の魂に向かって語るにちがいないようなすべてを語るのです。しかし、キリスト本性はまさに霊界からやって来たのです。ですから、ルツィフェルが何ものであり、地上でルツィフェルに誘惑されようとはしていない神々と人間との関係がどういうものであるか、知っていました。キリスト本性は、自分がそこからやってきたところの世界においては、ルツィフェルの誘惑について何も知りませんでした。けれども神々に仕えるにはどうしたらいいのか、よく分かっていましたし、ルツィフェルを退けるだけの力をもっていました。

そこでルツィフェルは第二の攻撃をしかけます。しかし今度は、アーリマンの協力を得て、ルツィフェルとアーリマンでキリストにこう語りかけます。ルツィフェルは、高慢を掻き立てようとしました。そして、アーリマンは恐怖に訴えかけようとしました。

ルツィフェルはこう言いました。――私の霊性を通して、または私を認めるあなたに与えることのできるものを通して、あなたは今必要としているものを必要としないで済むようになるでしょう。あなたがキリストとして人間の体の中に入ったのだとしても、その肉体は、あなたを屈服させるでしょう。あなたは肉体の中で重力の法則を認めなければなりません。肉体は重力の法則を乗り越えられません。しかし、私ならあなたを重力の法則から超越させてあげられる。私を認めるのなら、あなたを堕落させたりはしない。あなたの身には何も起こらない。塔の上から落ちてみなさい。私は天使に命じて、あなたの足が石にぶつかったりしないように、あなたを守らせます。

恐怖を抱かせようとするアーリマンは、こう言いました。――私はあなたを恐怖から守ってみせる。下に落ちてみなさい。

こうしてルツィフェルとアーリマンは彼に襲いかかりました。しかし、この両存在が彼に両方から襲いかかったので、いわばバランスが保たれ、彼は自分を救い出すことができました。そして彼は、ルツィフェルとアーリマンから身を護るために、人間が地上で見つけなければならない力を見つけることができました。

そこで、アーリマンが言いました。――ルツィフェルよ、私にはお前など要《い》らない。お前は私の邪魔をしている。お前は私の力を強めないで、弱めている。彼の誘惑は、私だけでやる。お前はこの魂が私たちの手に落ちるのを妨げたのだ。

そこでアーリマンはルツィフェルを去らせ、自分ひとりで最後の攻撃に打って出ました。そして、マタイ福音書にその余韻が記されていることを言ったのです。――あなたに神的な力がそなわっているというのなら、鉱物をパンに変えてみなさい。石をパンに変えなさい。

そうすると、キリスト本性はアーリマンにこう言いました。――人はパンだけで生きているのではなく、霊界から来る霊的なものでも生きているのだ。

このことをいちばんよく知っていたのが、キリスト本性だったのです。なぜなら、この本性はまさに霊界から降りてきたのですから。そこでアーリマンはこう答えます。――あなたはきっと正しいのでしょう。しかし、あなたがいくら正しくても、そんなことでは、私があなたを押さえておくことを妨げる力にはならないのです。あなたに分かっているのは、高みから降りてくる霊が何をするのか、ということだけです。しかしあなたは、まだ人間界にはいませんでした。この下なる、人間界の中には、あなたとはまったく違った人間たちがいます。その人間たちには、石をパンに変えることがとても必要なのです。人間たちは、ただ霊だけで生きることなどできないのです。

この瞬間に、アーリマンがキリストに語ったのは、地上の誰でも知っているのに、今初めて地上を歩み始めた神にとっては未知のことだったのです。鉱物、金属を金銭に変えることで食物を得るということを、神はまだ知らなかったのです。そこでアーリマンは言いました。あわれな人間たちは、この下の地上で、金銭で食を得ることを余儀なくされているのだ、と。そしてアーリマンはこの点で人間を支配していたのです。私にはこの支配力が必要だ、とアーリマンは言いました。

これが誘惑物語の実際なのです。アーリマンの誘惑は残ったままでした。問いがすべて答えられたのではなかったのです。ルツィフェルの問いには答えられましたが、アーリマンの問いには答えが残されました。これに答えるには、別のことが必要だったのです。

孤独から去ったイエス・キリストは、一二歳の時から経験してきたすべてから抜け出て、今、一二歳になるまでのイエスに結びつきました。キリストはもともと、人類の生成の中で古くなり、枯れてしまったものと結びつくつもりはなかったのです。周囲で語られる言語でさえ、彼にはどうでもよかったのです。ですからはじめ、彼は黙っていました。彼はナザレ近辺を歩き廻り、さらに遠くまで足をのばしました。ナザレのイエスに関わりのある多くの土地に足を踏み入れました。そしてそこで、極めて特異な体験をしました。

どうぞ考えてみて下さい。今、第五福音書のお話をしているのですが、この話と四つの福音書との間にある矛盾を指摘する人がいたとしても、何も得ることはないのです。私は第五福音書の通りにお話ししているのです。

はじめイエス・キリストは沈黙したまま、周囲とは何も共有することなく、旅を続けました。どこでも人びとの許で、人びとと共に働きました。アーリマンのパンについての言葉が彼に深い印象を残しました。いたるところで、自分のことを知っている人びと、以前一緒に働いたことのあった人びとに出会いました。その人びとは自分のことをすぐに思い出してくれました。その人びとは、石や鉱物をパンにする必要のある人びとでした。同じことですが、金銭や金属をパンにする必要のある人びとでした。だからアーリマンのつけ入るすきのある人びとでした。

ヒレルその他の人びとの道徳の教えを守っている人びとのところへは戻っていく必要はありませんでした。他の福音書が税役人、罪人《つみびと》と呼んでいる人びとのもとに戻っていったのです。なぜならその人たちは、石をパンにすることを求めていたからです。特にこういう人びとの許に彼は留まったのです。

しかし今、特別の事態が生じました。――こういう人びとの多くは、三〇歳になる前の彼のことを憶えていました。彼はナザレのイエスとして、すでに何度もこの人たちの許にいました。その人たちは、温和で優しい、そして賢い彼のことを憶えていました。しかし本当に一二歳のときから経験してきた大きな痛み、深い苦悩は今、愛の魔法の力に変化して、彼の語るひと言ひと言の中から流れ出て、神秘な力を行使しつつ周りの人びとの上に注がれました。彼の行くところはどこでも、どの家でも、どの宿でも、みんなが彼を愛しました。そして彼が去ったあとでも、この愛があとに残りました。

これらの家の人びとは、愛するナザレのイエスのうわさをしました。そしてまるで宇宙の掟《おきて》が働きかけたかのように、次のような事態が生じました。——これからお話しする場面は、数限りなく繰り返され、見霊的な研究によってしばしば述べられてきたのです。

イエスが滞在した家族の人びとは、彼と労働を共にし、そして仕事のあとは一緒に坐って、日が落ちたあとも話し続けたのです。そういう情景は今でも見られます。そういう折、すでに旅立ったナザレのイエスのうわさをしました。彼の愛情、優しさ、熱い思いを思い出していたのです。そういう家族の中で、このかつての客のうわさをしていたとき、このナザレのイエスの姿が部屋の中に入ってきたのです。その姿を家中の人が幻《まぼろし》のように見たのです。イエスは、心で人びとを訪問していたからです。というか、人びとの心がイエスの姿を生み出したのです。

そこで、どうぞ考えてみて下さい。こういう家族にイエスの姿が現れ、その姿をみんなが見たとき、どんな思いがその人たちの心に生じたでしょうか。そしてイエスが、ヨルダン河でのヨハネの洗礼のあとで、今ふたたびやってきて、人びとがイエスの外見から彼だと認めたとき、みんなにどんな思いが生じたでしょうか。考えてみて下さい。彼の眼だけは、今、以前よりもさらに輝いていました。みんなが以前あんなに愛していた顔が光につつまれていました。人びとは、幻の姿となってそばに来たのを見たその人物を、あらためて眺めました。罪びと、税役人と蔑《さげす》まれてきたこの人びと、カルマゆえに悪霊たちに取り巻かれ、苦しめられてきたこの人びと、病み、負債をしょいこみ、悪霊に取り憑かれたこの人びとが、イエスとの再会をどんな気持ちで迎えたか、想像にかたくはありません。

今のイエスはすっかり変わっていました。キリストが宿ったことによって、ナザレのイエスがどう変わったか、こういう人たちだからこそ、よく分かったのです。以前のこの人たちは、イエスの愛情、善良さ、優しさを感じとっていただけでしたが、今、イエスからは魔力のようなものが発していました。以前は彼がいるだけで慰められていたのですが、今は彼によって救われたように感じました。その人びとは近所の知り合いのところへ行って、辛い目に遭っていたり、悪霊に苦しめられたりしていたら、その人をイエス・キリストのところへ連れて行きました。イエス・キリストは、聖書に記されているように、悪霊を駆逐し、病気を直しました。

イエス・キリストは、当時、ルツィフェルを克服できたのですが、アーリマンの棘《とげ》はまだ刺さったままでした。死んだように異教の祭壇上に倒れていたときに彼が見た悪霊の多くは、イエス・キリストと向き合っていた人たちから、今、離れていきました。ルツィフェルとアーリマンがイエス・キリストの中に自分たちの敵を認めたように、今悪霊たちもイエス・キリストの中に自分たちの敵を認めました。

このようにしてイエス・キリストは地方を旅していたとき、人間の魂の中に悪霊たちを認め、しばしばかつて神々の代わりに悪霊たちが巣食っていた古い祭壇に自分が倒れていたときのことを考えざるをえませんでした。彼はバト＝コルを思い出さずにはいられませんでした。バト＝コルは、すでにお話ししたように、古代の秘儀の祈りの言葉を彼に伝えてくれました。そして、特にこの祈りの中間部が、繰り返して思い出されたのです。――「日用の糧の中に見なければなりません」。

今、彼は悟りました。――自分が戻ってきたこの人たちの多くは、石をパンにしなければならなかったのだ、と。彼が一緒に過ごした人たちの多くは、パンだけで生きなければならない人たちだったのです。そして、あの極めて異教的な祈りである「日用の糧の中に見なければなりません」は、彼の心の深くに沈みました。

彼は人間が完全に物質界の中に取り込まれたのを感じました。このことの必然性のゆえに、人類は物質の中に取り込まれ、そして天にいます父たちの名を、天上のヒエラルキアの霊たちの名を忘れるまでになったのです。かくて、古代の預言者たちの声を、ツァラトゥストラの叡智の知らせを聴く人さえもいなくなったのです。今、彼は、日用の糧だけの生活、人を天から分離したこの生活こそが、人をエゴイストにし、アーリマンに取り込まれなければならなくしたのだということを知ったのです。

　彼がこういう思いを心に抱いて、諸国を旅していたとき、ナザレのイエスの変化をもっとも深く感じとった人たちが、彼の弟子になって、彼に従って生きるようになったのです。彼はこのことに、あらためて気づきました。彼は同宿のあれこれの人物を選んで旅を共にすることにしました。この人たちは今述べたあの感じをもっていたので、彼に従ったのです。まもなくこういう弟子たちが一団になって、一緒に行動するようになりました。そのとき彼を取り巻く人びとの中には、まったく新しい魂の在りようをしている人たちがいました。その人たちは、彼が以前、母に、古いもののことを聞けなくなったらしい、と話したあの人たちとは別の人たちになっていたのです。そしてそのとき、神としての彼の地上経験に光が当てられました。——神々が霊界から地上界への道をどのように降りてきたのかではなく、人びとが地上界から霊界への道をどのように昇ることができるのか、人びとに語らなければならないのは、このことなのだ、ということが分かったのです。

　そして今、バト＝コルの言葉がふたたび思い出され、太古の祈りは新たに甦らなければならない、と思いました。人間は下から上へ、霊界への道を辿らなければなりませんが、この祈りによって、神霊を求めることができる、と彼は思いました。

そこで彼は古い祈りの最後の一行、「天にいます父たちよ」を「天にいますわれらの父よ」に逆転させて冒頭におきました。なぜなら、ヒエラルキアの多くの霊的存在たちへではなく、特定の霊的存在へ人びとの心を向けさせることが、今の時代にふさわしいからです。

そして二行目に、彼が秘儀のマントラの最後から二行目に聴いた言葉を充《あ》て、そして「人間はあなた方の御名を忘れているのです」を逆転させて、新しい時代の人びとのために、今はこう称《とな》えられるようにしました。――「あなたの御名が尊《とうと》ばれますように」。

そして、下から昇っていかなければならない人間たちが神性に近づこうとするときのために、最後から三行目の言葉を逆転させて、「人間はあなた方の御国から離れ」を「あなたの御国が私たちのところに来ますように」、としました。

そして、それに続く言葉、「天の意志はどこにも働いていません」も、今の人たちが聞けるように逆転しました。なぜなら、古い言葉を誰も聴くことができなくなっていたからです。霊界への道は完全に逆転させなければならなかったのです。彼は「あなたの意志が天に行われるように、地にも行われますように」、と言い換えました。

そして、パンの秘密、肉体に閉じ込められたことの秘密、今アーリマンの棘によってはっきりと現れたすべての秘密を逆転させて、人間が直接認識してはいなくても、この物質界も霊界から来ていることを感じとれるように、日用の糧の言葉をひとつの願いに変えました。――

「私たちに今日も日用の糧を与えて下さい」。

そして「人に明かされる己れの罪」という言葉を、「私たちが人の罪を許すように、私たちの罪を許して下さい」に変えました。

そして秘儀の深い祈りの二行目の言葉、「くずれていく自我の証し」を言い換えて、「そうではなく、私たちを救ってください」と言いました。

そして一行目の「悪が栄えます」を「悪から。アーメン」とつけ加えました。

こうしてキリスト教の「主の祈り」は、イエスがかつて異教の祭壇で倒れてしまったとき、バト＝コルの変化した声として聴いた言葉を、イエス・キリストによって新たな秘儀の祈りとして、新たな主の祈りとして提示されたのです。山上の垂訓も、イエス・キリストが使徒たちに教えたその他の言葉も、同じようにして生まれました。それについては、なおいろいろ申し上げなければなりません。

イエス・キリストは実に独特の仕方で使徒たちに影響を与えました。愛する皆さん、私がこれから申し上げるのは、第五福音書に出ている通りのことなのです。

イエス・キリストは旅を続けながら、周りの人たちに独特の仕方で働きかけました。使徒たちと一緒でしたが、使徒たちにとって、イエス・キリストは肉身として存在しているだけのようには思えませんでした。共に旅をしているとき、使徒たちは、イエス・キリストが自分の横を歩いているのに、まるで自分の中に、自分の魂の中にいるかのように感じ、そして、本来イエス・キリスト自身でなければ語れないような言葉を語り始めたのです。そのようにしてこの一行は各地を廻り、人びとに語ったのですが、語ったのは使徒たちでもありました。イエス・キリストはすべてを、自分の叡智をも使徒たちと共有していたのです。

率直に申し上げなければなりませんが、例えば、マルコ福音書に出ているサドカイ派との対話が、イエス・キリスト自身の口から語られたのではなく、使徒のひとりの口から語られたのだ、ということを知ったとき、私は本当に驚いてしまいました。でも、もちろんキリストが語ったのです。イエス・キリストはしばしば一行から離れましたが、そういうときも一行の中にいたのです。みなから遠く離れていても、霊的に旅を共にしていましたし、エーテル体だけが旅を共にすることもありました。キリストのエーテル体が一行と一緒に旅をし、肉身のイエス・キリストがそこにいるのか、それともエーテル体だけで現れているのか、しばしば区別がつきませんでした。

ナザレのイエスがイエス・キリストになったあとの使徒たちや他の民衆の人たちとの交流は、そのように行われました。すでに申し上げたように、キリストの本性は、はじめのうちはナザレのイエスのからだから比較的独立していましたが、その後、次第にからだとの結びつきを深め、その結果、最後の年には、以前よりも虚弱になったナザレのイエスのからだとの結びつきが深い苦悩を彼にもたらすことになったのです。

今は大勢の人びとに取り巻かれるようになりましたが、それでもキリストはしばしば自分のからだから抜け出ていきました。あちこちで使徒たちは別々に分かれて伝道を続けましたが、今語っているのはイエス・キリストである、とみんな信じていました。イエス・キリストが語っているのではなかったときでも、使徒たちがキリストと深い結びつきをもって旅をしている限り、使徒たちの口を通してキリストが語っていたのです。

あるとき、パリサイ人たちとユダヤの律法学者たちがこう話し合いました。――民衆を脅《おど》すためにこの一行の中から誰かを選んで殺すことも考えられる。しかし誰がふさわしいかは、みんな同じようにしゃべるので、区別がつかない。だからそんなことをしても無駄だ。たぶん本当のイエス・キリストは無事に生きているだろうから。だから本当のイエス・キリストを特定しなければならない。――彼のそばにいる使徒たちだけにしか、誰がイエス・キリストなのか、区別できなかったのです。とはいえ彼らは、誰がイエス・キリストなのかを敵に訊くわけにはいきません。

しかし、アーリマンがあの問いとの関連で力を発揮しました。霊界においてではなく、地上においてしか決着をつけることができない問題が残り続けたのです。石をパンに変えること、同じことですが、金《かね》をパンに変えることにどういう意味があるのかを、キリストは途方もなく辛い行為によって経験させられなければなりませんでした。というのは、アーリマンがイスカリオテのユダを道具にしたのですから。

使徒たち一行の中で、誰が皆の敬愛するキリストなのかを見つけ出す手段は、霊的にはなかったのです。なぜなら、霊の働きだけでは、キリストを見分けることができませんでしたから。キリストの知らない手段、地上でのこの上なく手ひどい行為によって初めて知ることのできる手段を行使できた場合、つまりユダが働くときにのみ、キリストを始末することができたのです。

純粋にアーリマンに従う者、本当に金《かね》だけのために裏切ることのできる者が現れなければ、キリストを見つけ出すことはできなかったのです。誘惑の出来事で生じたことによって、イエス・キリストはユダと結びつくことになったのです。このことは、神には分かっていることでした。すなわち、地上に降臨したばかりで、どんな石もパンのためには役立たないという理屈が天国でしか通用しない、とキリストには思えなかったという事実によって、キリストはユダと結びついたのです。アーリマンがこのことを自分の棘として残しておいたので、ユダの裏切りが可能となったのです。ですからアーリマンが死の支配者である限り、キリストは死の支配者の領分へ行かなければなりませんでした。これが誘惑の出来事、ゴルゴタの秘蹟とユダの裏切りとの関連なのです。

第五福音書については、これまでお話ししたことだけでなく、もっといろいろお話ししなければなりません。しかし、時代の進化の過程で、必ず第五福音書の別の部分も明らかにされるでしょう。以上の話を通して、私はこの福音書の「何」よりも「いかに」のほうに、内容よりもその在りようのほうに皆さんの注意を促すようにしてきました。この連続講義の最後に、第一講の終わりで述べた事柄を思い出しておこうと思います。今、この時点で第五福音書について述べるというのは、私たちの時代の必然性によって求められたことだったのです。ですから愛する皆さん、第五福音書について語ることが許されたということを、どうぞ、それにふさわしい敬虔な態度で受け容れて下さい。

皆さん、私たちには今、十分なほどの敵がいますが、彼らの私たちに対する態度は、まったく独特なのです。この点について詳しく語ろうとは思いませんが、たぶん「ドイツ人智学協会報」を読んで下されば、お分かりになるはずです。また奇妙なことに、かなり前から、私の述べている教えが偏狭なキリスト教、あろうことかイエズス会に影響されている、と主張する人びともいます。特にアディアル系神智学の支持者たちの中には、とてもひどいやり方でイエズス会の影響について語り、まったく悪意にみちた、でたらめを並び立てている連中がいるのです。

けれども、それだけではなく、偏狭さ、倒錯、忌まわしさに対しては烈しい怒りをぶつけているある立場もまた、私たちの教えを根底から歪めようとしていることも明らかになりました。アメリカから来たある人物が何か月にもわたって私たちの教えを学び、ノートをとり、そして水増しされた形にしてアメリカへ持ち帰り、アメリカで私たちから受けとった『ばら十字会神智学』を出版したのです。この人物は当地で私たちからいろいろ学んだ、とは言っていますが、しかし彼はそのあとマスターたちのところへよばれ、マスターたちからもっと多くのことを学んだ、というのです。けれども彼が滞在中に私たちの未公開の連続講義から学びとった、より深い内容については、それを私たちから学んだことを黙っているのです。

こういうことがアメリカで生じています。私たちは老ヒレルのように、ただ優しくしているだけで済ますこともできるでしょう。しかし、この流れがアメリカからヨーロッパにも打ち寄せてくるとき、そのままにしておくわけにはいかなくなります。私たちを経由してアメリカへ伝えられたもののうち、まさにもっとも私たちの立場に反しているような部分が翻訳され、その翻訳書に次のようなまえがきが加えられたのです。――ヨーロッパにもばら十字会系の世界観が現れているが、それは偏狭な、イエズス会的なものである。カリフォルニアの汚れのない空気の中で初めて、この世界観はこのような発展を示すことができたのだ。

これ以上は言いませんが、これが私たちの敵たちのやり方なのです。私たちは優しさだけではなく、同情をもまじえて、こういう事柄を見ることができます。けれども、そこから眼を背《そむ》けることは許されません。こういうことが生じるときには、すでに何年も恥知らずなことをする人たちを見てきた私たちとしても、用心深くならないわけにはいかないのです。きっといつかはみんなにも分かってもらえることでしょうが、私も、真実を守る必要がないのだったら、こういう話をしたいなどとは思いません。しかし、こういう事柄はしっかりと見ていなければならないのです。

　こういう事柄がこういう人たちによって普及するようになる一方で、もう少し誠実な態度でこういう事柄を不快に感じている人たち——もちろんそういう人たちもいます——が戦いを挑んでくることがあるのを忘れてはなりません。この二派の人たちの語るばかげた内容について、皆さんの心を煩わせるつもりはありません。ところが今ドイツで出版されている（ハンス・）フライマルク、（クーノ・フォン・）シャルク、（フェルディナント・）マークその他による異常な文献は、あまりにも程度が低いので、わざわざ注目する必要はないはずですけれども、この「第五福音書」のような内容をまったく受け容れられない人たちです。——事実、第五福音書の一部である二人のイエス少年の秘密が公開されたとき、ただちに現れたこの人たちの批判に含まれた憎しみは、たぶんこの上なく正直なものだったのでしょう。誠実な神智学徒であったら、信頼の下に公開されたこの第五福音書を真剣に受けとめてくれたでしょう。今皆さんがこの内容を受けとり、そして皆さんの支部の中でそれについて報告なさるとき、どうぞ、それを大切に受けとるように、と仲間の人たちに話して下さい。どうぞ、それをばかにするであろうような人たちには投げ与えないで下さい。

この時代がすでに必要としている見霊研究の成果であるこれらの事柄をふまえて、私たちは今、時代に向き合っています。なかんづく私たちの時代の指導的な文化、教養に向き合っています。私たちはこれらの事柄を頭にではなく、心に訴えかけようとしています。私たちのゲーテアヌム建築の定礎式に参加して下さった人たちは、霊的な教えを伝えるには、真実であり続けることがどんなに必要か、私たちがそのことを魂にどう訴えかけようとしているか、分かってくれたと思います。私たちの時代文化がこの真実追求からどんなにかけ離れてしまっているとしても、私たちはそのことを魂に訴えかけようとしてきました。

霊的なものを求める声が私たちの時代のいたるところから聞こえてきますけれども、本当に真の霊性を知ろうとするには、人びとの心はあまりにも高慢であり、あまりにも偏狭なのです。霊の知らせを聴くのには誠実さが必要なのに、こんにちの精神文化の中には、そのような誠実さは存在していません。もっと悪いことに、それが存在していないことに気づいていません。どうぞ今回取り上げた第五福音書を各支部の中で畏敬の念をもって受けとって下さい。私たちが第五福音書を取り上げたのは、エゴイズムからではなく、まったく別の理由からなのです。

真理の霊が私たちの中で本当に生きていなければならないからなのです。

人びとは霊について語ります。しかしそのときにも、霊のことを何も予感していません。ルドルフ・オイケン*は常々霊を問題にしているので、今ドイツで高い評価を得ています。しかし彼が霊について語るとき――彼のどの著作に眼を通してみても――、いつも次のように述べているのです。どうぞ読んでみて下さい。

――霊は存在する。霊を体験しなければならない。霊と共にあらねばならない。霊を感じとらなければならない。

そのようにすべての著作の中で、彼は限りなく繰り返して、霊、霊、霊と述べています。そのような仕方で霊について語る態度は、霊そのものの源泉へ向うには、あまりに安易であり、あまりに高慢だと言えます。そして、そういう人たちが今、高い評価を受けているのです。そ

＊原書註　ルドルフ・オイケン（一八四六―一九二六）＝一九〇八年、ノーベル文学賞を受ける。その著『まだキリスト者でいられるのか』（一九一一年）の二一六頁と二二八頁参照。文字通り引用すれば、以下の通り。――「まだ現代においても司教の公示が悪霊について語っており、悪霊を否定することを不信心のあらわれと述べている。こういう言葉を読むと、われわれ若い世代に属する者にとって、世代の越えがたい断絶を感じないわけにはいかない」

れにもかかわらず、そういう人たちが第五福音書を述べるときのように、具体的に、内容を霊から取り出す作業をすることは、こういう時代であるにもかかわらず、容易ではないのです。真剣さと内的な誠実さが欠けているからです。

もっとも新しいオイケンの著作のひとつは、『まだキリスト者でいられるのか』と題されていますが、そのどの頁も、まるでさなだ虫のように、霊と魂で継ぎ合わされた文章の寄せ集めでしかないのです。ある頁では、次のような一節に出会います。――「人びとはこんにち、悪霊信仰を卒業している。もはや悪霊を信じろと誰も要求できない」。

ちなみに、オイケンの著作は本当に、霊と魂の継ぎ合わせなのです。何冊読んでも同じです。そしてそのほうが大きな名声、名誉を世間から得ることができるのです。霊について何かを知っている、と述べるだけで、今は十分なのです。なぜなら、人びとは読書に際して、内なる不誠実さによって書かれていることに気づいておらず、みんなが望んでいるのは、読みやすい、ということなのですから。

さて、同じ本の別のところには、こんな注目すべき言葉も出てきます。――「神と人との出会いが悪霊たちの力を生み出している」。

前に引用したようなことを真面目に論じている同じ本の中で、著者はこう述べているのです。このことは深刻な不誠実さのあらわれではないでしょうか。内なる不誠実さと結びついた、このような霊の教えは、退けられなければいけないのではないでしょうか。けれども、私たちの時代の多くの人がこの内なる不誠実に気がついているとは思えないのです。

私たちが霊の真実について仕えようとするとき、このようにして時代と対立することになってしまいます。私たちが霊の啓示の担い手に、人類の求めている新しい霊的生活の担い手になろうとするには、何をしたらいいのでしょうか。そのことをはっきり自覚するためには、こういうことを想い起こすことが大切なのです。こんにち聡明な哲学者、神学者の多くがキリスト以前にキリスト教があったと語り、人びとはそのような真実で満足しています。そのようなこんにちの時代文化にも多くの共感が得られるように、人びとの魂を霊学を通してキリスト本性に導くことができるように試みるとしたら、一体どのようにして希望を抱くことができるのでしょうか。

実際、この哲学者、神学者たちは、すでにそれ以前から東洋には祭祀が、個々の典型的な物語が同じ仕方で存在していたことを証明してみせています。キリスト教がそれ以前から存在していたものの継続にほかならないというのです。このことに喜んで耳を傾けるすべての人たちに、聡明な神学者たちはそう語っているのです。そういう文献が私たちの時代の人びとに大きな共感を呼んでいるのです。しかし、その神学者たちは、すべてが相互にどのような関係にあるのか、まったく分かっていません。

人びとはキリスト本性について語ります。キリストの霊が降臨したと語ります。しかしそのキリスト本性がかつて異教の神々が崇拝されていたときと同じ礼拝形式で崇拝されているのを見出すとき、人びとはそのことを、キリスト本性そのものを否定するときの証拠にしているのです。そういうことがこんにち行われているのです。そのようなときには、論理が以下のような仕方で用いられています。――誰かある人がある旅館に泊まり、そして、そこに自分の着衣を残していったとします。その衣服がその人のものであることは、分かっていました。その後、シラーかゲーテのような人物がやってきて、なんらかの事情でその残された衣服、別な人のものであるその衣服をまとって外出したのです。さて、そこに誰かがやってきて、他人の服をまとったゲーテを見て、こう言うのです。――「みんな何を言っているのか。こんな人がどうして特別な人なのか。私は衣服を徹底して調べた。この衣服の持ち主は、こういう人物だったのだ。特に取り立てて言うほどのことはないのだ」。

キリスト本性は古い礼拝の衣裳を用いていたのです。それで聡明な人たちがやってきます。この人たちはキリスト本性が衣裳をただ衣裳としてまとっただけだったことが理解できません。古い礼拝の中に秘められているのがキリスト本性であることが理解できないのです。

ですから、どうぞ皆さん、図書館でこんにちの学問的、一元論的な考察を調べてみて下さい。そこに見出せるものは、すべてキリスト本性のまとっている衣裳を論じているのです。そして、その論はその限り正しいのです。その限りでは、こんにちの文化革命家の探究のレヴェルは非常に高く、その探究は学問的に深い叡智を示しているのです。

私たちがこの第五福音書を頭でではなく、心で受けとろうとするとき、以上のイメージを魂の前に描かなければなりません。なぜなら、私たちの真実を私たちの時代に提示し、それを新しい知らせであると述べるとき、このことを古い時代に分からせることがどんなに不可能なことか、身にしみて感じなければならないからです。ですから今、私たちが互いに別れを告げ合うとき、福音書の言葉を取り上げるのをお許し下さい。――「こんにち人びとの心を支配している意識では、次なる霊的な進化を遂げることができない」。

ですから、意識が変わらなければならないのです。別のほうに向けなければならないのです。今、存在しているもの、今、来なければならないもの、そのことをはっきりイメージしようと思わない妥協的な精神の持ち主だったら、人類に奉仕するのに必要な霊的な教えに仕えることはできません。

私は、私の聖なる第五福音書に責任を負っています。今、皆さんに別れを告げるに際して、これまでさまざまな共同作業を通して私たちを結びつけてくれてきた絆《きずな》が今回の第五福音書、私にとって特別大切な第五福音書についてのこの研究を通して、いっそう強固なものになってくれるのを願っております。きっと皆さんの心と魂の中に、この福音書が熱い感情を生み出してくれると思っています。たとえ物質的に、空間的、時間的に私たちが別れ別れになるとしても、私たちは互いに結びついて、互いに同じ思いを感じ合っていたいと思います。私たちが魂の中でどんな作業をしなければならないのか、私たちの時代の霊が人間の魂に与えた義務によって、私たちは何を求められているのか、それを共に感じ合っていたいのです。

キリストと人間の魂

全 四 講

ノルチェピング

1914年７月12日～７月16日

Christus und die menschliche Seele

た。そして未来の地球紀になると、アストラル体、エーテル体、肉体にさらに働きかけて、地球が木星紀へ向けて進化していけるように用意するのです。

言葉の意味を十分に広くとるなら、地球紀での人間の進化を、人間の魂の進化であると言うこともできます。地球が進化を始めたとき、人間の中で魂が働き始めました。はじめは外的な体に働きかけ、それからみずからを体から独立させ、そして今、木星紀の進化を用意するために、ふたたび外的な体に働きかけようとしています。

そこで、地球紀の過程で人間の魂がどう進化していくのかに眼を向けるなら、人間の魂は「人格」にならなければなりません。しかし人格になるためには、第一に「自由なる意志」がなければなりません。しかし、それだけでなく、人格は世界における神的なものへの道を見つける可能性をも必要としています。一方では、善と悪、美と醜、真と偽のどちらかを択ぶことのできる自由なる意志を求め、他方では神的なものが私たちの魂の中に入ってきて、内的に、自由に、魂が神的なものに充たされることを求めます。これが人格となった地上を生きる人間の魂の、二つの進化目標なのです。

地上での人間の魂の進化は、この二つの目標へ向って、二つの宗教的な恩恵を得ることができました。その一方の宗教的な恩恵は、自由への力、真と偽、美と醜、善と悪を区別できる力を得るために、もう一方の宗教的な恩恵は、魂が神的なものを自分の中に感じとれるために、人間に与えられたのです。

第一の宗教的な恩恵は、旧約聖書の冒頭で、楽園追放、誘惑の壮大なイメージとして示されています。第二の宗教的な恩恵は、「ゴルゴタの秘蹟」という言葉で表現されるすべての中に示されています。楽園追放と誘惑が善と悪、美と醜、真と偽を区別する自由なる能力と関わるように、ゴルゴタの秘蹟は、人間の魂が神的なるものへの道をふたたび見出して、自分の中に神的なものの輝きを知る能力に関わっています。ゴルゴタの秘蹟は、神的なものを人間の魂に浸透させるのです。地球紀のもっとも重要な進化のすべてが、この二つの宗教上の恩恵の中に含まれています。魂の深層で魂を存在させ、生成させるもの、魂の深層体験に関わるすべてが、この二つの宗教上の恩恵の中に含まれているのです。

この二つの宗教上の恩恵、並びに人間の魂の本質と生成についての内的体験、この二つは互いにどのような関係にあるのでしょうか。

愛する皆さん、私は抽象的に語るつもりはありませんので、まず具体的な考察から始めようと思います。私はゴルゴタの秘蹟のある場面から始めようと思います。人類の心の中にもっと深く刻印づけられるべき場面からです。あらかじめ述べておけば、イエス・キリストは、私たち人間にとって、全宇宙の中でもっとも重要だと思わざるをえない存在なのです。私たちのこの思い、この感情をふまえて、磔刑に処せられるキリストを前にしてのエルサレムの激昂した群衆の叫び、怒りを想い起こして下さい。エルサレムの最高法院のメンバーはイエス・キリストに、お前は神をどう思っているのか、自分を神の子だと思っているのか、と問います。この高官はこう問うことを特別重要だと思っています。そして、それに対するイエス・キリストの発言を、最高の不祥事だと思うのですが、その一方で民衆はイエス・キリストに死を与えよと怒り、叫ぶのです。そして、民衆のこの怒りと叫びの歴史的な意味を知ろうとするなら、一体、この民衆はイエス・キリストの中に何を認めるべきだったのか、考えなければなりません。

すなわち、地上生活に意味を与えてくれる存在を認識すべきだったのです。それなしには、地上の人類が神への道をふたたび見出せなくなってしまうような行為を成就してくれる存在を認識すべきだったのです。地上の人間の意味は、この存在なしには見出せません。そのことを認識すべきだったのです。もしも人間がキリストの出来事を抹消してしまうなら、「人間」であることの意味そのものが地上の進化から抹消されてしまうでしょう。

そこで、群衆がこの存在を断罪し、地上の人間をそもそも人間にしてくれるこの存在に怒りをぶつけているところを、心に思い描いて下さい。地球に意味と目標を与えてくれるこの存在に怒りをぶつけているのです。

一体どうなっているのでしょうか。当時、人類の進化がどこまで達していたかが問題なのではありません。当時、エルサレムで人間の真の本質についての人間認識を代表していた人たちが認識の眼を曇らせていたのです。その人たちは、人間とは何なのか、地上での人間はどうあるべきなのか、何も分かっていませんでした。人類が自分自身を見失ない、地球の進化に意味を与えてくれるべき存在を断罪してしまったのです。そして、激昂した群集の叫びは、もちろん叡智からではなく、無知蒙昧から発せられたのですが、「われわれはもはや人間であろうとは思わない。われわれは、人間に更なる意味を与えてくれるものを振り払って寄せつけなくしようと思う」、と言っていたのです。

こういうすべてを考え合わせてみると、パウロの意味での人間と罪との関係が違って見えてきます。パウロによれば、人間は自分だけでは抜け出すことができないような罪の中に落ち込んでいるのです。だから人間が罪悪に関わるすべてを自分で自分の中から取り除くことができるようにするためには、キリストは地上に来なければならなかった、というのがパウロの見解でした。

この見解の妥当性を示すものが、「はりつけにせよ！」と叫ぶ群衆の怒りと叫びなのです。なぜなら、この叫びが示しているのは、人間が地上で生きることの意味を知らずにいる、ということだからです。群衆のこれまでの生き方は、自分の存在を闇の中に放置することに費やされてきたのです。

愛する皆さん、人間の魂がキリストと出会うのに必要な気分は、以上の事柄なしには考えられません。人間の魂がキリストの本性と出会うために必要となる気分は、はっきりとは言いあらわせないとしても、魂がある感情をもつことにあるのです。この感情は次のような仕方で体験できます。――「地球紀のはじまりから私は進化してきたが、自分の中にあるものだけでは、進化の目標に達することができない。進化の目標に達するために何を取り込めばいいのか。それはどこにあるのか」。

自分の魂の力によっては、これまでの地球紀の進化を超えて行くことができないと感じること、これがキリストと出会う準備となる気分です。人間が自分の魂の本性とは必然的に結びついていると思っていても、さらに進化を遂げる力を自分の中に見出せない、と思わざるえないとき、魂はまさに、この力を自分に与えてくれる存在をキリストの中に見つけ出すことができるのです。

そうできたとき、魂はキリストとの関わりを深め、そしてこう言うでしょう。――「地球紀のはじめに、ひとつの本性があらかじめ私のために存在していてくれたのに、地球紀の進化の過程でこの本性が私の中で暗闇に包まれてしまっていた。これまでの私は、この暗闇に眼を向けても、この本性を見出せずにいた。けれども今、私は眼をキリストそのものに向ける。そのときキリストは私に、この力を授けてくれる」。

人間の魂は、一方では先程述べたような自由な意志の在り方をしていますが、その一方ではキリストとの直接的、個人的な関係を通して、キリストが自分に近寄ってくるのを感じることができます。そうできたとき、魂はキリストを求めながら、あらためて、もしもキリストが人類の進化に関与してくれず、人類のいとなみにみずからを結びつけてくれなかったら、自分は決してキリストを見つけ出すことができなかったであろう、と悟ります。

愛する皆さん、かなりよく知られたキリスト教の教父がいます。この教父はギリシアの哲学者、ヘラクレイトス、ソクラテス、プラトンを平気でキリスト教徒である、と言いました。ギリシアの思想家たちはキリスト教が始まる以前のキリスト教徒だったというのです。この教父はなぜそう言ったのでしょうか。実際、こんにち「信仰心」と呼ばれるものは、本来の輝けるキリストの教義の多くを暗いものにしています。だからこの教父アウグスティヌス「三五四－四三〇年　訳著」はこう言ったのです。――「どんな宗教の中にも真なるものがあった。そしてすべての宗教の中で真だったものは、キリスト教という言葉が存在していなかったときにも、キリスト的だったのだ」。

アウグスティヌスのときは、まだそう語ることが許されていました。こんにち、キリスト教徒の誰かがそう語ったとしたら、たちまち異端者扱いされてしまうでしょう。

紀元一、二世紀の魂たちがキリストと個人的な関係を結ぼうとしたときの、その魂たちの思いに身を置こうとしてみて下さい。そうすれば、この教父が古代ギリシアの哲学者たちをキリスト教徒と呼んだことの意味がすぐに分かるはずです。この魂たちはキリストがゴルゴタの秘蹟以前、地球の進化となんの関わりもなかったなどとは考えていませんでした。キリストは常に地球の進化と関わってきたのです。ただ、ゴルゴタの秘蹟を通して、地球の進化に関わるキリストの使命がそれ以前とは別のものになったのです。

愛する皆さん、地球の進化の中でのキリストの存在をゴルゴタの秘蹟以後に限定しようとするのは、キリスト教的ではないのです。真のキリスト教徒であるなら、キリストが常に地球の進化と関わってきたことを知っているはずなのですから。

まずユダヤ民族に眼を向けてみましょう。ユダヤ民族はキリストを知っていたでしょうか。私はユダヤ民族がキリストの名を知っていたかどうかについて言っているのではありません。これから申し上げることをユダヤ民族がすべて意識していたかどうかではなく、真にキリスト教を理解している人が、「ユダヤ教はキリストを持っていた、ユダヤ教はキリストが分かっていた」、と言えるかどうかについて語っているのです。

愛する皆さん、私たちはすぐそばにいる誰かについて、その外見だけを見て、その本性に触れることなく、したがって、その人がどんな人なのか知らずにいることがあります。だから私はこう言いたいのです。古代ユダヤ教は正しいキリスト教的な意味で、キリストを持っていた。

ただそのキリストの本性を知らずにいたのだ、と。

今、私の言ったことは、キリスト的でしょうか。愛する皆さん、パウロの意味でも、キリスト的です。

では、古代ユダヤ教にとって、キリストはどこにいたのでしょうか。

旧約聖書を見ると、モーセがユダヤ人をエジプトから砂漠へ導いたとき、昼は雲の柱が、夜は火の柱が立って、この人たちを先導してくれました。ユダヤ人たちは海を渡り、海が二つに分かれ、その間を渡ることができました。しかし、エジプト人たちがあとからそこを渡ろうとしたとき、海水がもとに戻ったので、おぼれて死んでしまいました。さらに、ユダヤ人たちが不平を言いましたが、彼らの神の命により、モーセがある岩に行くと、その岩の、モーセが杖で打ったところから水がほとばしり出て、ユダヤ人たちの喉をうるおすことができたのです。

人間的、合理的な仕方でモーセによるユダヤ人たちの導きを語ろうとすれば、こう言うでしょう。——「モーセは、神に導かれるままに、ユダヤ人たちを導いた」。

この神は、どんな神だったのでしょうか。愛する皆さん、自分では答えずに、砂漠を通ってユダヤ人たちを導いた神がどんな神だったのか、パウロに答えてもらいましょう。コリント人への第一の手紙にこうあります。——

「愛する兄弟たち、私たちの父たちがみな雲の下におられた（彼は雲の柱のことを言っています）し、みな海を渡ってこられたし、みな雲と海でモーセに洗礼をほどこされたのだということを、私は黙っていようとは思わない。父たちはみな同じ霊の食物を食べ、霊の飲み物を飲んだ。そのとき生じた霊の岩から飲んだのだ。その岩こそがキリストだった」（一〇章五の一―四）。

パウロの場合、ユダヤ人たちを導き、モーセと共に語り、水を岩から湧き出させ、海の水を分けてユダヤ人たちの通路を造ったのは、誰だったのでしょうか。

パウロをキリスト者ではないと主張する人だけが、旧約聖書の指導する神、モーセの神の中にキリストを見るのはキリスト的ではない、と主張できるのです。

愛する皆さん、旧約聖書の一つの箇所は、深く考える人にとって、混乱を与えかねません。漫然と聖書に眼を通すのではなく、内容を関連づけながら理解しようとする人なら、「この箇所は何を意味しているのか」、と繰り返して疑問を投げかけざるをえないのです。それはこういう箇所です。

「モーセは手を上げ、杖で岩を二度打つと、大量の水が湧き出て、人びとと家畜の渇きをうるおした。しかし、主はモーセとアーロンにこう言われた。お前たちは私を信じないで、イスラエルの子らの前で私を崇めなかったのだから、この人びとに与えるつもりの土地へ、この人びとを連れていってはならない」。

愛する皆さん、この箇所の関連を旧約聖書の中で考えてみて下さい。主は、民衆が不平を口にしたとき、杖で岩を打つように、とモーセに命じます。モーセが杖で岩を打つと、水が湧き出ます。主が命じたことがすべて、モーセとアーロンによって生じます。そしてすぐそのあとで、主はモーセに、お前は主を信じなかった、と非難するのです。——非難と言ってよければ、です。

これはどういう意味なのでしょうか。この箇所についての聖書学者たちの解釈をすべて取り上げ、その解釈によってこの箇所を理解しようとしてみても、聖書の多くの箇所と同様、ここでも理解できないのです。なぜなら、この箇所の背後には、圧倒的に大きな秘密が隠されているのですから。

この箇所にひそんでいる秘密について、次のように言えると思います。——モーセを導いて、燃える茨の中でモーセに現われ、民衆を砂漠を通して導き、水を岩から湧出させたのは、主キリストだったのだ、と。

しかし、時はまだ来ていませんでした。モーセはキリストを認めることができず、別の存在だと思っていました。言い換えれば、モーセは、杖で岩を打つように命じた存在を信じてはいなかったのです。

主——キリスト——は、ユダヤ民族にどのように現われたのでしょうか。「昼は雲の柱の中で、夜は火の柱の中で」、と言われています。主は人びとを救うために、水を分けられただけでなく、それ以外にも、多くのことを為されたのです。雲の中で、火の中で、空気の中で自然の四大の中で、キリストは働いていました。しかし、古代ユダヤ人の誰も気づかなかったのですが、雲の柱、火の柱の中に現われ、そして海の水を分ける奇蹟を行なった存在は、その根源の形で人間の魂の中にも現われているのです。なぜこのことが古代ユダヤ人にはまったく気づかれずにいたのでしょうか。

なぜなら、人間の魂は、自分の中に深い本質存在を感じとる力を失ってしまっていたからです。人類の進化の過程でこの力を失っていったのです。ユダヤ人の魂は、自然に眼を向け、自然のすばらしさを感じとることができました。ユダヤ人の魂は、自分の神、自分の主をいたるところに感じとることができました。けれども、自分自身の中に、直接主なる神を見出すことはできませんでした。

旧約聖書の中にはキリストの働きが記されているのですが、人びとはその働きをキリストの働きだとは認識していなかったのです。キリストはどのような働きをしたのでしょうか。愛する皆さん、旧約聖書を通して読んで下さい。その中にキリストの働きが見えないでしょうか。ヤハヴェがモーセの口を通して民衆に与えたもっとも意味深いものは、十戒でした。モーセは十戒を四大の力から受けとりました。ヤハヴェは四大の力からモーセに語ったのです。モーセは自分の魂の深みへ降りたのではありません。孤独な瞑想の中で「神は自分の心の中でどう語るのか」、と問うたのではありません。モーセは山へ登り、四大の力を通して神の意志を知ったのです。意志――これこそが旧約聖書の根本性格なのです。

この根本性格はしばしば掟《おきて》とも呼ばれます。意志は人類の進化を通じて働きます。そして掟の中で、例えば十戒《デカローク》の中で、自己をあらわすのです。神は四大を通して、みずからの意志を人びとに伝えたのです。意志は地球の進化を支配しているのです。――これがいわば旧約聖書の言おうとしていることであり、旧約聖書はこの意志に完全に従うことを人びとに求めているのです。

今述べたことをあらためて思い返すと、その全体を次の言葉で総括することができます。

――人びとに主の意志が伝えられた。しかし人びとは主を、神なる存在を認識せず、人間自身の魂をその意志に結びつけようとしなかった。

さてここで、ユダヤ人から異教徒へ眼を向けてみましょう。異教徒たちはキリストを知っていたでしょうか。異教徒もキリストを知っていた、と語るのをキリスト的とはいえないのでしょうか。

愛する皆さん、異教徒たちも秘儀をもっていました。そして秘儀に参入した人たちは、魂を肉体から分離させ、魂を体に拘束する絆《きずな》から解き放しました。体の外にあった魂は、霊界の中で、生存の秘密を聴きとりました。多くのことがこのような秘密と結びついていました。秘儀に参入しようとする人には、いろいろな知らせが秘儀の中で現われました。しかし、秘儀の弟子が自分の中に受容できた最高のものは、体の外にあって、キリストの前に立たされたことだったのです。

モーセがキリストの前に立たされたように、秘儀の弟子は秘儀の中で、体の外の魂で、キリストの前に立たされました。キリストは異教徒にとっても存在していましたが、秘儀の中でのみ存在していたのです。魂が体の外にあったときにのみ、キリストが顕現したのです。ユダヤ人にとってもキリストは存在していましたが、異教徒もユダヤ人と同じように、その存在をキリストとは認識していなかったのです。

異教徒のためには、秘儀が用意されました。ふさわしい人たちが、秘儀に受け容れられました。キリストはこの秘儀を通して異教の世界に働きかけました。なぜでしょうか。キリストは人間の魂が、地球紀の始めからの発展過程で、みずからの力を失ってしまい、自分から自分の真の存在を見出すことができなくなったので、働きかけたのです。人間の真の存在を人間の魂に開示するのには、人間性の枠の中では、つまり体と結びついた魂では、駄目だったのです。ですからキリストは、人間が秘儀参入者となって肉体という、いわば衣裳を脱ぐように導かなければなりませんでした。キリストは異教徒のためにも働き、異教徒を秘儀へと導いたのです。けれども、愛する皆さん、人間は自分の力だけでは大地の意味を見出せませんでした。人間は、大地の意味を見失い、暗闇に閉ざされたのです。人間の魂の力は、あまりにも深く諸領域に沈められてしまったので、自分だけでは大地の意味を知ることができなかったのです。

ユダヤ人には掟によって意志が与えられ、異教徒には秘儀によって叡智が与えられました。けれども、地上の人間は、この叡智によってさえ、人間の神そのものを認識できませんでした。秘儀の弟子となって体から脱魂できたときにも、です。叡智によっても意志によっても、神は人間の中にみずからを開示できませんでした。

愛する皆さん、古代ギリシアにはすばらしい言葉があります。人類への圧倒的な要求である言葉です。秘儀の場であったアポロン聖域の入口には、こう記されていたのです。――「汝自身を知れ」。

秘儀の聖域に、人間への訴えのように、「汝自身を知れ」という言葉が立っていた事実は、何を意味するのでしょうか。人間が、地球紀の始めから、人間の環境であった外界のどんなところでも、「汝自身を知れ」という要求に応えることができず、人間は人間以外の何かにならなければならなかった、ということを意味しているのです。秘儀において、魂と体を結びつけている絆がたち切られなければ、みずからを認識できない、というのです。

人類へのすばらしい要求としてアポロンの聖域に立っていたこの言葉は、人類のために闇が現れた、ということをも示しています。言い換えれば、この言葉は、叡智によっても意志によっても、神が人間の中にみずからを開示できなくなった、と言っているのです。

一人ひとりの魂が地上を生きることの意味を教える力を、自分の中に見出すことができなくなりました。ユダヤ人の歴史を見ても、ユダヤ人を指導するモーセでさえ、魂は自分の中に、自分を導いてくれる存在を認識できずにいたのです。古代の英雄たちを見ても、「汝自身を知れ」という要求は、秘儀においてしか果たされなかった、と思わずにはいられません。地上の進歩の過程で体と魂を働かせていた人間は、自分みずからを認識する力を開発できずにいたのです。「意志によっても、叡智によっても、神を知ることはできない」、という言葉がこんにちの私たちのところにまで響いているのです。神は何によって知ることができるのでしょうか。

これまでもたびたび、私たちはキリストが地上の人類の進化に加わった時点の意味について述べてきました。そこで今あらためて、人間の魂が闇につつまれてしまった結果、意志によっても、叡智によっても、神的存在を知ることができなくなってしまったことの意味を詳しく見てみようと思います。このことには一体、どんな意味があるのでしょうか。

愛する皆さん、人と神との関係についてはいろいろなことが言われてきましたが、人と神との関係について語られるとき、人と神の関係を、人以外のものと神との関係から区別できずにいることが多いのです。こんにち、哲学者たちは純粋な哲学によって神にまで高まろうとしています。しかし、私たちが純粋な哲学によって、神に到ることはできません。たしかに、純粋な哲学によって自分が宇宙と結びついているのを感じとり、人間本性が死と共に、なんらかの仕方で宇宙と結ばれるに違いない、と思うことはできます。しかし、人間本性がどのように宇宙と結ばれるかを、純粋な哲学によって知ることはできないのです。なぜでしょうか。

今日お話ししたことの意味を全体として受けとって下さるなら、こう言うことができるでしょう。――生まれてから死ぬまでの地上の人間の魂の力は、地上を越えて、神霊の世界に導いてくれる何かを知覚するには、弱すぎるのだ、と。このことをはっきりさせるために、不死ということの意味に一度、眼を向けようと思います。こんにち不死について語ることができるのは、人間の魂の本性が死の門を通って、宇宙の中になんらかの場所を占めることができると思えたときだけです。しかし愛する皆さん、どんな存在もみんなそうできるのです。結晶体もまた、融解したら、宇宙の中に流れていきます。萎れた植物も、死んだ動物も、宇宙の中に移っていきます。ただ人間の場合は、事情が異なります。人間にとっての不死は、その人間が死後も意識を保つことができるときにのみ、意味をもつのです。

死んだあと意識を失ってしまった人間の魂が不死であったとしましょう。しかしそんな不死には、なんの意味もないでしょう。不死を問題にするのであれば、人間の魂が死後も意識を保ち続けるのでなければなりません。「私は意識を保ったまま死の門を通っていく」、と言えるためには、体と分離した状態の魂が意識を保っていなければなりません。しかし人間の意識は、誕生から死までの間に組み込まれており、死ぬまでしか働いていないのです。人間の魂が担っている現在の意識は、死ぬまでしか働いていないのです。

神の意志は、例えば十戒となって、この意識を導きます。この神の光が人間に働きかけて、人間の意識を揺り覚《さ》まし、「自分は意識を保って死の門を通っていく」、と言えるようになったかどうか、どうぞ「ヨブ記」の中で読みとって下さい。ヨブに向かって語られた言葉「神を呪って、死ぬほうがましです」は、私たちをどんな気持ちにさせることでしょうか。私たちはヨブが意識を失うことなく死の門を通っていけるか、自信がなかったことを知っています。この言葉に、ギリシア人の死の恐怖を教えてくれる言葉「影の国の王であるよりも、地上の乞食でいるほうがいい」をつけ加えてみると、人間の不死がどんなに不確かなものになってしまったか、英雄時代が示していることに気がつきます。そして、こんにちも多くの人が不死を信じられずにいるのです。死の門を通っていく人が宇宙の中に解消し、そして自分を宇宙存在と結びつける、と語る人は、「自分」という言葉の下に何を理解しているのか、考えようとしていないのです。

愛する皆さん、たったひとつの言葉を発するだけで、人間と不死との関係を認識するのに十分なのです。それは愛という言葉です。私たちが不死について述べてきたすべては、今、愛という言葉と結びつけることができます。愛は意志によって獲得できるものではありません。愛は叡智によって獲得できるものでもありません。愛は感情の領域に存在しています。けれども、私たちは、人間の魂が愛に充たされていなかったら、存在すべきように存在していないのを知っています。そうでなければならないのです。魂の本質に深く入っていくとき、私たち人間の魂が愛することができないならば、もはや人間の魂ではない、と思わずにはいられないのです。

けれどもここで、考えてみましょう。死の門を通った私たちは、自分の人間個性を失ってしまいます。そして、全なる神性とひとつになります。私たちはこの神性の中に存在することになります。私たちは神性に属したのです。しかし、そうなった私たちは、もはや神を愛することができません。神そのものの中にいるのです。私たちが神の中にいるのであれば、愛には何の意味もありません。もし自分の個性が死後も存在するのでないならば、死後、愛を失わなければならなくなり、個性が消えた瞬間に、愛が終わらなければならないでしょう。他から分かれている存在だけが他を愛することができるのです。私たちの神への愛を死後も持ち続けたいのなら、死後も個性を保たなければなりません。そのとき初めて、私たちの中に愛を燃え立たせることができるのです。

愛する皆さん、人間に大地の意味を示そうとするには、人間の本質が愛と不可分であることをふまえて、不死の問題に向き合わなければなりません。人間が必要としているものは、意志によっても叡智によっても与えられません。人間に必要なものを人間に与えることができるのは、愛だけなのです。

人間の進化の過程で、何が暗くなってしまったのでしょうか。ユダヤ人や異邦人の場合、意識が死を越えて暗くなってしまったのです。生まれてから死ぬまでの人間は意識を担っていますが、誕生から死までの境を越えると、暗黒が支配し、地上の身体内の意識は何も残りません。「汝自身を知れ」という、ギリシアの聖域の入口に記された言葉は、人類へのもっとも聖なる要求です。……けれども人間に答えることができるのは、こういう言葉だけなのです。――「地上の人間として魂がからだの中に留まっている限り、私は死を超えても愛し続けることができるような個性を、自分の中に認めることができない」。

死を超えてまで個性として愛し続けることができるという認識は、人間には失われてしまったのです。死は肉体の終わりだけなのではありません。そう言えるのは唯物論者だけです。

考えてみて下さい。人間が身体の中に生きているどの時間にも、ちょうどこんにちの人が、朝太陽が昇り、天空を渡っていくことを知っているように、死の彼方にあるものを知ることができるような意識をもっていたとしたら、この世の人間にとって、死は苦痛の種ではなく、私たちが死と呼ぶものではなく、身体の中で人間は、死が一つの形態から別の形態へ導く現象にすぎない、と思えるはずなのです。パウロも「死」とは肉体の終わりのことではなく、意識が死までしか続かないということだ、と理解していました。当時の地上生活において、肉体と結びついている限りでの人間は、意識を死に到るまでしか働かせることはできませんでした。私たちは、「死を超えても働く意識の欠如」という言葉を、パウロが死について語るときには、いつでも付け加えることができます。

ゴルゴタの秘蹟は人間に何を与えたのでしょうか。ゴルゴタの秘蹟と共に、一連の自然現象が、雲の柱、火の柱が人類の前に現れたのでしょうか。そうではありません。イエス・キリストという一人の人間が人びとの前に立ったのです。ゴルゴタの秘蹟と共に、例えば神の民が渡れるように、海を二つに分けるような、神秘的な自然現象が実現したのでしょうか。そうではありません。一人の人間が人びとの前に立って、足の不自由な者を歩かせ、眼の不自由な者を見えるようにしたのです。このことが一人の人間から生じたのです。

ユダヤ人が神を見ようとしたときは、自然の中に眼を向けなければなりませんでした。今、神が一人の人間の中に生きている、と語ることができました。異教徒はキリストの本性に向き合うためには、秘儀に参入して、魂を肉体から引き離さなければなりませんでした。異教徒には、地上に存在するキリストを考えることなど、できませんでした。ただ、キリストは地球の外に存在している、と思っているだけでした。しかし、地球の外に存在していたものが地上に降臨して、人間のからだをまとったのです。秘儀において、からだから離れた魂の前に立っていた本性がイエス・キリストという人間となって、人びとの前に立ったのです。

一体そのとき、何が生じたのでしょうか。地球紀の発端から地上の進化の過程で人間が失ってしまった力、人間に不死を保証してくれるこの力がゴルゴタの秘蹟によって、ふたたび人間に与えられる可能性が生じたのです。人間の魂の中にふたたび点火することのできる力、すでに失われてしまった力が、ゴルゴタでの死の克服によって、新たに生きはじめたのです。そして、人間がキリストをますます受容することで、死後も愛することのできる可能性、すなわち不死なる個性となって神の前に立つことのできる可能性を自分の中に発見することこそが、地上の進化における人間の道になったのです。ですからゴルゴタの秘蹟以来、「何をおいても神を愛しなさい。そして隣人を自分のこととして愛しなさい」、という言葉が初めて真実の言葉になったのです。

意志は燃える茨から与えられました。意志は掟によって与えられました。叡智は秘儀によって与えられました。しかし、愛は、神がイエス・キリストという人間になったことによって与えられたのです。私たちが死後も愛することができる保証、ふたたび手に入れた魂の力によって、人間と神の間、すべての人間相互の間に愛の共同体を打ち立てることができる保証、この保証がゴルゴタの秘蹟から生じたのです。人間の魂は、ゴルゴタの秘蹟の中で、地球紀の発端からますます弱まり、失われていった魂の力を見出したのです。

人間の三つの魂の部分の中に三つの力が働いています。意志と叡智と愛です。魂はこの愛の中で、キリストへの関わりを体験するのです。

このことを一定の側面から皆さんに見ていただこうと思いました。今日の話の中で断片的に取り上げたことを、このあとの講義の中で互いに関連づけようと思っています。しかしすでに今日、私たちの魂の中に、以下のことを深く記すことができたと思います。すなわち、キリストを認識することで、進歩が、人間の魂にとってのひとつの現実になりうること、私たちが人間の魂とキリストとの関係を考察するときも、人間の魂とキリストとの間が、ゴルゴタの秘蹟以前には覆いかくされていた、ということが分かったこと、そしてこの覆いがゴルゴタの秘蹟によって取り払われたこと、そして「ゴルゴタの秘蹟を通して、ひとつの宇宙的本性が地球の生命の中に流れ込み、ひとつの超地上的本性が地球と結びついた」、と自信をもって語ることができるようになったことを、です。

愛する皆さん、人間の魂がみずからの内なるキリストと共に、何を体験することができるのか、次回からすぐに、この点について、話を進めていきたいと思います。

第二講

一九一四年七月一四日

私たちは、無意識であったとしても、人生の課題を太陽の光なしに果たせないと思い、太陽に感謝して生きています。今夜ゆっくり休んでも、翌朝ふたたび太陽が東の空に昇ってくること、宇宙秩序が変わることなく持続していくことに全幅《ぜんぷく》の信頼を寄せて生きています。ですから、わざわざそんなことを考えたりはしません。今日一日仕事に励めば、その仕事の成果が明日の土台になること、夜ぐっすりと眠ったら、翌日も太陽がふたたび天空にあって仕事の成果を稔《みの》らせてくれることを知っているのです。

私たちは緑の大地に眼を向け、そして植物のいとなみに驚嘆します。私たちは大地の恵みによって生かされています。同じ植物の今年の胚芽から来年も豊かな稔りがもたらされるであろうことを確信しています。そして、どうしてそう確信して生きていけるのか、と訊かれたなら、こう答えるでしょう。――すべてが自然の秩序に従って、去年の苗床《なえどこ》から今年も同じ植物がふたたび現れるのだから、と。

けれども、愛する皆さん、現実を生きる私たちは、もうひとつ、別の支えも必要としています。私たちが内面生活を充実させようとするとき、必要な支えです。そして、ひとつの言葉が、そのような支えを明らかにしてくれています。それは、「私たちの理想」という言葉です。

愛する皆さん、「私たちの理想」という言葉は、私たちが高次の意味で考え、そして感じるとき、外的な現実以上に重要なものを魂の中に持っていることを教えています。「私たちの理想」は、私たちの魂を燃え立たせて、多くの点で人生を価値あるものにしてくれているのです。

そして、外的な生活に眼を向け、外的生活の現実を保証してくれるものに心を寄せるとき、しばしばこういう思いに悩まされます。――「一体この現実は、私たちの人生にとって価値あるもの、私たちの理想の実現を保証してくれているのだろうか」。

多かれ少なかれ、強弱の違いはあるにせよ、理想の実現を危ういものにしている数限りない魂の葛藤があるのです。私たちが魂のすべての力で理想の実現を計っていたとしても、です。

この地上の現実の中で、数限りない魂たちが、この上なく厳しい戦いを、理想のために、価値ある、いまだ到達されていないもののために戦ってきました。しかし、現在の私たちの理想は、今年の植物の胚芽が来年になって実を結ぶという意味では、未来の現実のための胚芽になっていません。

植物界の場合、植物の胚芽には、次の年に必ず現実になるものが含まれています。しかし、私たちの理想の場合、この理想が人生にとってなんらかの意味と価値をもつであろう、と信じることはできますが、しかし植物の場合と同じ意味で、この理想に確かさを見出すことはできません。私たちは人間として、理想が未来のための胚芽であることを願います。けれども、理想に確かな現実性を保証してくれるものがどこにあるというのでしょうか。私たちの魂は、地上の現実の中では、理想を抱いて、しばしば絶望的な状況に追い込まれるのです。

では物質界を離れて、隠れた霊の世界に入ったときはどうでしょうか。霊界の探求者は、死から新しい誕生までの時期にいる魂たちを知るようになります。愛する皆さん、かつて地上の生活で高い理想をもって生きていた死者たちの魂を霊視することには、大きな意味があるのです。

死者たちが過去の地上生活を想起させる人生のタブローの前に立つとき［タブローはデッサンに対して、完成された絵画のことをいうが、シュタイナーの言う「人生のタブロー」とは、生きていたときの人生を死後の魂が回顧するときに使う言葉―訳者］、この人生のタブローには理想の世界も織り込まれています。そして、この理想の世界が死後の魂の前に現れるとき、死者はその世界に対して、ほぼこう感じるのです。――「私の心の内奥を熱く照らしてくれたこの理想を、私は私の心のもっとも貴重なもの、もっとも内なる財宝と思ってきた。今、その同じ理想が地上の人生とは異質なもの、もはや地上の体験に属さないものとなって現れている」。

死者はこの自分の理想に強力に引きつけられるのを感じます。まるでこの理想に呪縛されているかのようです。理想は死者に対して、特別な吸引力をもっているのです。けれどもその理想は、同時に死者に一種のショックをも与えます。死者はその理想に危険なものを感じとり、地上の進化から自分を疎外するもののように感じます。死から新しい誕生までの生の中で、地上の進化から引き離されるように感じるのです。

愛する皆さん、このことをはっきりさせるために、具体的な体験について申し上げようと思います。ここにいらっしゃる何人かにはすでにお話ししたことがありましたが、今晩申し上げる、人間の理想の本質に関わる事柄に、特に光を投げかけてくれると思います。

ある詩人が数年前、私たちの運動に参加してくれました。神智学以前の時代にすでに神秘主義を深め、極めて純粋な理想主義に身を捧げていたのですが、その人生をふまえて私たちの運動に加わってくれたのです。この人は、肉体が病いに冒されていたにもかかわらず、全身全霊を私たちの精神運動に捧げてくれました。今年の春、私たちは彼を失い、彼は死の門を通っていったのです。しかし彼は人類に一連のすばらしい詩を遺してくれました［クリスティアン・モルゲンシュテルン（一八七一～一九一四年）とその遺作『私たちは道を見出した』のこと―訳者］。これらの詩は一冊にまとめられ、つい最近、彼の死後、出版されました。彼は重い病気を患い、多くの時を私たちの運動から隔てられて、スイスの孤独な山嶽地帯の治療によいとされるところで過ごさなければなりませんでした。けれども離れていても、私たちの運動に関わり続けてくれました。彼の詩は、人智学のサークルでも繰り返して読まれてきて、特に最近はそうです。いわば十年以上にわたる私たちの仕事を詩として表現してくれているからです。

今、死の門を通過したこの人物の魂を霊視しますと、目立った特徴が見えます。この虚弱なからだの中での魂のいとなみの意味が、死後になって初めて見えてくるのです。

私たちの運動に忠実に関わってくれたこの魂は、死に向かいつつあった肉体の内部で大きな力を発達させたのです。魂がからだの中にあったときは、脆《もろ》いからだがこのことを隠していました。しかし死後、この魂によって生前の生活内容が霊界においてのみ輝くことができるように、輝いているのが分かります。今、私たちのこの友は、霊の中に生きています。巨大な宇宙のタブローのような霊の中に、です。このことは霊視者にとっては、特別な眺めです。たぶん、こう言うことができるでしょう。――霊視者は霊的＝宇宙的な世界のあらゆるところに眼を向けることができますが、しかし宇宙的、霊的な世界のあらゆるところに眼をめぐらせることと、霊のように見える巨大なタブローを個人の魂から取り出して見ることとは違います。後者は霊界にいる自分自身を映し出す映像なのです。ラファエロやミケランジェロの偉大な画面の中に再現された周囲の物質世界を見るように。ここで述べている場合には、そのような絵が霊界の中に存在しているのが見えるのです。

ラファエロやミケランジェロの絵を前にして、「こんな絵はどうでもいい。こういう風景なら周囲のどこにでもある」、とは誰も言わないでしょう。同じように、霊的現実を魂の中に映し出しているタブローを見て、その魂のタブローの圧倒的な輝きを、私たちにとっての限りない財宝だと思わない人はいないでしょう。愛する皆さん、この世を去った友人の魂の中に、私が多年の間述べてきた霊界の事情のすべてが映し出されているのです。そして、そのことを知るとき、霊界そのものを霊視するときよりも限りなく多くのことを学びとることができるのです。

このことは霊界での事実です。私はこれまで別の機会に、何度も繰り返してこの霊界での事実について述べてきました。今日は私たちの考察にとって重要と思える事実を取り上げてお話ししようと思います。

クリスティアン・モルゲンシュテルンにおける霊界での事実についてなのですが、この事実は、私にもっと別のことも教えてくれました。しばしば神秘学者が烈しい抵抗に遭うとき、次のような問いを（疑いを、と言うつもりはありませんが）持たざるをえなくなります。――神秘学は一般の人間の魂にどんなつながりを見出すことができるのだろうか。私たちの人智学協会の働きが人類の霊的進化のために役に立つ保証は、どこにあるのだろうか。

私たちのこの友人の死後の魂を霊視するとき、霊界がそのような保証を与えてくれます。なぜでしょうか。詩集『私たちは道を見出した』を私たちに遺してくれたこの友人は、今、圧倒的な宇宙タブローの中に生きています。このタブローは、死後の彼にとって、一種のアストラル体（魂体）のようなタブローです。

この友人は、私たちの人智学の流れと結びついていたとき、キリストについて私たちの語ってきた事柄を受容し、そして人智学の教えが彼の心の血になったことによって、この教えの中のキリストの本性を悟ったのです。彼は人智学の教えを、キリスト存在とひとつのものとして受容したのです。私たちの運動の中に生きているキリストが、この友人の魂の中に入っていったのです。

そして今、霊界でのこの事実を考察することによって、次のことが見えてきました。――死の門を通った人間が宇宙タブローの中を生きていること、死から新しい誕生までの間を、このタブローと共に歩んでいることがです。このタブローは死者の本性の中で働いて、そして死者の本性と一体になっています。さらに言えば、死者の本性全体とひとつの魂になっています。そして、死者が新しい地上生活にふたたび降りてくるとき、このことがその新しい地上生活に深く作用するのです。そしてそのことによって、みずからのより完全な生き方のための萌芽を育てて、地上の進化のために働くのです。そうなるのは、今お話ししたようなキリストの本性を受容したからなのです。

しかし、このようにキリストの本性で魂を充たし、みずからを霊化したことは、決してみずからの進化のためだけに役立つのではありません。キリストは全人類のために働いているのです。愛する皆さん、この春、この世を去った私たちの友人の魂のあのタブローは、キリストに浸透されて、将来この世に生まれてくる魂たちをキリストの愛の光で照らしてくれます。この魂たちはそれによって心を燃え立たせ、霊的に励まされるのです。亡きモルゲンシュテルンの魂のタブローが、私にとって、このことを保証してくれました。

ですから彼は、みずからの人生の中でキリスト化された神智学をみずからの完成のために担い続けただけでなく、この神智学を受容したことによって、来たるべき数世紀に地上を生きる魂たちのために霊界からの衝動になってくれています。キリスト衝動をその魂たちの中に送り込んでいます。

皆さんの魂は、キリスト化した神智学を自分自身のためだけではなく、未来の進化の諸時代のために担い続けることができます。キリストは人類全体に属する本性なのですから、キリスト化された神智学は、人類全体の中に流れていくのです。キリストが作用しているとき、人生の所産が分散することはありません。その所産は個人のために稔り豊かなものであると同時に、人類全体のために稔り豊かなものになるのです。

このことをはっきり申し上げたかったのです。私たちが叡智を受容するとき、キリストに浸透されている叡智なのか、そうでないのか、そこに大きな違いがあります。愛する皆さん、私たちが小さな共同体として集まるとき、抽象的な考察を行うために集まるのではありません。こんにちの世界が神秘学に対して、真の神秘学に対してどんなに敵対的であろうとも、私たちは恐れずに、憚《はばか》ることなくこの神秘学を本当に学ぶために集まるのです。ですからその霊的探求によって得ることのできた事柄に言及させていただいたのです。

もうひとつ、別の例をあげますと、私たちは数年前からミュンヒェンで「神秘劇」の行事をさまざまに行ってきました。そのとき、私たちのスウェーデンの友人たちもこの公演に参加してくれました。これから申し上げることは、別の観点から友人たちにすでにお話ししたことがあります。

この神秘劇の公演に際しては、他の公演とは違ったやり方をしなければなりませんでした。霊界に対する責任を感じたからです。この公演は、普通の劇場へ行くときのようなわけにはいきませんでした。自分の魂の力で行うのでなければなりませんでした。しかし、愛する皆さん、物質生活においても、意志を働かせて何かを行おうとするとき、自分の筋力を働かせなければなりません。外から加えられるこの筋力がなかったら、私たちは何も実行に移せません。筋力はある点では私たち自身のものですが、しかし、まったく私たちのものだけだとも言えません。

私たちの霊的な力も同様です。ただ私たちが自分の霊力を働かせるときは、物質的な力である筋力を使うのではなく、霊界の力を働かせて、霊界から物質界へ入ってくる力を私たちの中に浸透させなければなりません。

ですから、他の行事についても言えることですが、私たちのミュンヒェン公演に際しては、別の意識をもつことから始めなければなりませんでした。私自身にとってあらかじめ明らかだったのは、こういう行事の場合、年数を重ねて、さまざまな分野でイニシアティヴをもった人が現われなければならないことでした。そうでなければ、演劇の分野で働く霊的な力が、演劇の守護の天使の力が私たち人間の力の中に流れ込むことはできないのです。

私たちは小さなサークルで神智学の仕事を始めました。最初期の頃は、非常に小さなサークルでした。今世紀の初め、私たちが一緒に集まったときはいつでも、ひと目で頭数《あたまかず》を数えることができました。その集まりの中には、短い間でしたが、特別に誠実な態度で参加してくれた人がいました。美と芸術に特別の能力をもった人でした。この人は、短い間だけでしたが、私たちと一緒に仕事をしてくれました。特に神智学の分野でその当時なし遂げなければならなかった、もっとも内密な事柄のすべてを共にしてくれました［サンクト・ペテルブルクのドイツ皇帝劇場の女優マリア・シュペッティニのこと。この劇場はアレクサンドル二世（一八一八〜一八八一）の治世に全盛期を迎えた―原註］。

彼女は心をこめて、聡明に、しかも情熱を傾けて私たちの仲間として働き、そして特に神智学の宇宙論を熱心に学びました。今でもよく憶えていますが、例えばその当時、ひとつの課題がありました。今ではたぶん、あまり重要だとは思えないでしょうけれども、そのことをここでお話ししておきたいのです。——私たちの神智学運動が始まったとき、まず雑誌を出そうということになり、雑誌の名を考えぬいた末に「ルツィフェル」としました。私は当時、「ルツィフェル」という題でこの雑誌に論説を書きました。それは構想として、私たちのやろうとしていることの方向づけを示す内容を含んでいました。あえて言わせていただけるなら、この論説は、はっきりとは述べられていなくても、私たちの神智学協会、今の人智学協会の目ざす方向を示していました。つまり、キリストへの方向を、です。

　この論説を読んで下さるなら、キリストの生命《いのち》の血を感じとっていただけると思います。今なら言ってもいいと思いますが、この論説は、当時、古い神智学運動を経て私たちと結びついた少数の人びとのサークルからも、これ以上はないくらい烈しく非難されました。いたるところでこの論説は、まったく神智学的でない、と受けとられました。けれども今述べた人物は、熱い心で、深い内面からこの論説を読んでくれましたので、私にとってこの人物の支持は、その後の神智学運動のために、残りの反対意見のすべてよりもはるかに力強いものだったのです。

　この人物の魂は、私たちの霊統の流れとまったくひとつに結ばれていました。彼女は間もなくこの世を去りました。一九〇四年のことです。彼女の魂は死後の霊界で、しばらくは本来の自分を取り戻さなければなりませんでしたが、一九〇七年にはまだでしたが、一九〇九年のミュンヒェンでの神秘劇公演以降は、ずっと私たちのミュンヒェンでの祝典劇の背後で見守り、支持し続けてくれています。

　私たちの霊的な理想を芸術として表現するために、この魂はその美的な素質を生かして働きかけてくれました。その霊界からの働きかけは、私たちの神秘劇の守護天使の働きかけのようでした。ですから私たちは、必要とされたイニシアティヴをとる力を自分の中に感じることができたのです。筋力が物質界での私たちの行動を支えてくれるように、霊界の彼女から流れてくる霊力が私たちの仕事の中に流れてきてくれたのです。

　このように、死者たちが私たちと一緒に働いてくれています。死者たちが私たちと一緒にいるのです。今ひとつの例について申し上げましたが、これから、特に衝動を問題にしたいのです。その場合、単に自分個人の進歩のためだけのことではありません。個人生活のためにも神智学の分野で学んだ事柄が眼に見える仕方で役立ってくれますが、しかしそれだけではなく、その学んだ事柄は、人智学運動全体に戻ってくるのです。

　可能性は二つあります。ひとつの可能性は、学んだことを自分の魂の中に受け容れ、自分の進歩のために、死後もその学んだことを役立たせることです。このことも大切です。そうでなければなりません。なぜなら人間の魂は、神的な目標を達成するために、ますます完全なものになっていかなければならないからです。この自己完成のためにあらゆることをしなければならないのです。

しかしこの魂は、すでにキリストの精神を受けとったのですから、受けとったものを自分のためだけに役立たせるのではなく、私たちのところに降ろして、それを一種の共有財産にしなければならないのです。

そうすることが、私たちの認識の果実の中に浸透するときのキリストの働きです。キリストは、この認識の果実を、私たちの個人の手から奪ったりはしません。しかし、キリストはすべての魂のために死んだのです。そして私たちが、正しい地上の人間認識にまでみずからを高めて、「私ではなく、私の中のキリスト」の認識にまで達したなら、私たちの知っているすべてに関して、「私たちの中のキリスト」に気づくなら、もしも私たちが自分の用いている力をキリストから受けとった力だと思えるなら、そのときは自分の受容したものを私たちのためだけに役立たせるのではなく、人類全体のために役立たせようとするでしょう。そのとき初めて、自分の受けとったものが人類全体のための果実になるのです。私たちが地上のどの人間の魂に眼を向けようと、キリストはその魂のために死んだのです。皆さんがキリストの名の下に受けとったものは、皆さん自身の完成のために受けとったのですが、しかし人類全体のためにも受けとったのです。

さて、ここで今晩の話の冒頭に述べた言葉をふり返っておきます。

死後の私たちが人生のタブローの中で生前のことを回顧するとき、私たちの理想がまるで無縁なものであるかのように現れる、と申し上げました。そのとき私たちは、そういう理想に対して、こう感じるのです。――これらの理想はすべての人の生活へ私たちを導いてはくれない。すべての人の生活を何も保証してはくれない。

こういう理想は私たちをすべての人の生活から引き離してしまうのです。だから私たちの理想の中でルツィフェルが強力な力を行使しているのです。なぜなら理想は、人間の魂から美しく溢れてきますが、まさに個人の魂から溢れてくるだけで、外の世界に根ざしてはいないからです。ですから、ルツィフェルが支配力を行使するのです。死後の私たちが理想の中に感じとるのは、そういうルツィフェルの力なのです。

ルツィフェルは私たちのところへやってきます。私たちが理想を心に抱いているとき、その理想がルツィフェルには貴重なのです。なぜならルツィフェルは、その理想という廻り道を通って、私たちを自分のほうへ引き寄せることができるからです。けれども私たちが霊的に働いて得たものにキリストを浸透させることができます、つまりキリストを自分の中に感じとり、そして、私たちの受けとるものを、キリストが私たちの内部で共に受けとっている、と感じ取るのです。「私ではなく、私の中のキリスト」、私たちがこのことを知ったとき、死の門を通った私たちは、私たちの理想が私たちを世の中から疎外させてしまうのではなく、私たちの理想をいわばキリストに委ねるのです。そのとき私たちは、私たちの理想をキリスト自身が自分の問題にしてくれているのを知るのです。キリストは私たちの理想を自分の中に受け容れます。私だけでは自分の理想を地上の人類のための確かな萌芽として、ちょうど今年の夏の植物の萌芽が来年の夏の植物を芽ばえさせるような確かさで受けとることはできないのです。しかし、私の中のキリストなら、そうすることができます。私の中のキリストは、私の理想にリアルな実体を充たしてくれるのです。

　ですから、私たちが心に抱く理想については、こう言うことができます。――「私たちは理想をこの世に見出す。そして私の中のキリストがこの理想を引き受けて、この理想を未来の現実のための萌芽にしてくれる」。

　キリストと結びついた理想主義は、現実の萌芽を含んでいるのです。ですからキリストを本当に理解するなら、この理想に対して、こう言うことができます。――「今はまだこの理想は、植物の萌芽が来年芽生えるときのような現実性をもっていない。しかし私たちがこの理想を私たちの内なるキリストに委ねるなら、この理想は現実の萌芽になる」。

　キリスト意識をもつ人は、「私ではなく、私の内なるキリストが私の理想の担い手である」

というパウロの言葉を自分の生きる支えにして、こう語ることができるのです。――「実際、ここには見事な苗床がある。ここには川の流れ、海、山や谷がある。けれどもそれと並んで、理想主義の世界がある。この理想主義の世界は、キリストに委ねられている。現代世界の中にある未来のための萌芽としてである。キリストが私たちの理想を未来の世界へ担っていってくれるのだ。ちょうど自然が今年の植物の萌芽を来年へ担っていってくれるように」。

キリストが理想主義を現実のものにしてくれるのです。そして、魂に立ち現れるあの厳しく暗い疑問をぬぐい払ってくれます。こういう思いに発する疑問をです。――「外なる現実と深く結びつき、その現実を価値あると思わせるすべてと結びついている理想の世界から、いったい何を生じさせることができるというのだろうか」。

キリスト衝動を自分の中に受け容れる人は、人間の魂が生み出す理想主義という叡智の所産を、現実そのものであると感じることができるのです。愛する皆さん、キリスト化された魂の所産と、キリスト化されることなく、もっぱら叡智として働く魂の所産とがどれほど違うものかを明らかにするために、私は皆さんに二つの例をあげて説明しました。この地上生活においてキリスト化された魂とそうでない魂とは、まったく異なる仕方で私たちに働きかけてくるのです。

前生においてまだ、まったきキリスト意識を生じさせていなかった魂たちが自分の理想のために闘うのを見る見霊的な意識は、心を震撼させられてしまいます。その魂たちが自分のもっとも大切にしているもののために闘うのを見るときにです。なぜなら、その理想をルツィフェルが支配しているのが分かるからです。ルツィフェルは全世界が味わうべき現実の果実とその魂たちの理想とを、はっきり分けているのです。

叡智の所産、魂の所産をキリストと結びつけた人の場合は違います。その人はすでにこの人生において、肉体の中で魂を活気づけるように働くことができるのです。魂のもっとも貴重な内なる熱として、人生のもっとも困難な状況における慰めとして、人生のもっとも深刻な破局における支えとして魂を働かせることができるのは、キリスト衝動に充たされているときだけなのです。なぜでしょうか。

キリスト衝動に本当に充たされている人は、地上の生活においてどんなに不完全であろうと、このキリスト衝動が行動を保証してくれている、と感じています。ですからキリストは疑わしい人生の中で、魂を慰め、魂の支えになってくれるのです。愛する皆さん、人生を生きるこの世の魂たちにとって、どれほど多くのことが実現されぬままに終わり、どれほど多くのことが、外的な物質界以外のものに気づくことなく、価値あるものと思われ、しかもしばしば挫折してしまった青春の希望のように思われてきたことでしょう。

けれども、自分の魂が価値あるものと思っているなら、どんなものも私たちはキリストに委ねることができるのです。そして、たとえその結果がどうであろうとも、私たちがそれをキリストに委ねたなら、キリストはそれを翼に乗せて現実の中に持ち込んでくれるのです。そのことをいつでも心得ている必要はありませんが、肉体が自分の血を賦活力と感じとるように、キリストを自分の中に感じとる魂は、このキリスト衝動を、熱を与える力、実現する力と感じとるのです。その力は、魂が外なる世界の中では実現することができなかったとしても、実現したいと願っているすべてに熱を与え、それを実現させてくれるのです。

死後の魂を考察する見霊意識はこういう事柄を見てとるのですが、そのことは人間の魂にとって、感情がどれほど大切な働きであるかを証明しています。感情は、人間の魂が行い、考えるすべてに際して、自分がキリストに充たされていると感じとり、キリストを慰めであり、支えであると感じとることができるのです。この地上生活の中で「私ではなく、私の中のキリスト」と言えたときのことです。

愛する皆さん、私の『神智学』のある箇所を思い出して下さい。そこでは霊的生活のある段階で、魂が実現することのできる事柄のひとつを示しています。私は『神智学』のあるところで「タット・ツワム・アシ」(これはお前だ)に注意を向けました。これは東洋の賢者たちが瞑想するときの言葉です。いわゆる魂界から霊界へ移行する瞬間に、この言葉はひとつの現実のように、賢者たちの前に現われるのです。どうぞ該当する箇所を読んでみて下さい。

けれども、別のことも現実になるのです。人間的に非常に重要な仕方で現実になるのです。この人間の魂がキリストに充たされていると感じ、この世の人生でパウロの言葉「私ではなく、私の中のキリスト」と言えるときにです。

この言葉、「私ではなく、私の中のキリスト」という言葉を内なる真実と思えるとき、死後において、この真実が圧倒的な仕方で実現されるのです。なぜなら、「私ではなく、私の中のキリスト」と言える人生の観点の下に私たちが受容するものは、私たちの真の財産になるのですから。それは死から新しい誕生までの私たちの内なる本性になるのです。そのようにして私たちの内なる本性になったものによって、私たちはこのことを人類全体の果実と認めるのです。私たちが「私ではなく」という観点の下で受容するものを、キリストは人類全体の共有財産にするのです。「私ではなく」の観点の下に私が受容するものについて、死後の私は、こう感じて、こう言うことができるでしょう。――「私だけのためでなく、すべての人間同胞のために」と。

私ではなく、私の中のキリスト！

そして私は別の課題、「隣人をお前自身のように愛しなさい」をまっとうします。なぜなら私が自分で獲得したものを、キリストが現実の中に持ち込むことによって、地上の人類全体の共有財産になるのですから。

こういう事柄を自分に作用させなければなりません。そうすれば、キリストが人間の魂にとってどんな意味をもつのかが分かってきます。そして、どんなにキリストが人間の魂の担い手であり、支え手であり、慰め手であり、光であるかが分かってきます。そうすれば、私たちは次第に、「キリストと人間の魂」との関係を感じとることができるようになるのです。

第三講

一九一四年七月一五日

キリストと人間の関係を語るとき、どうしても取り上げなければならない概念の一つは、罪と償《つぐな》いの概念です。ご存知のように、パウロのキリスト教において、罪と償いの概念は、決定的な意味をもっています。もちろん私たちの現代は、パウロにおいて「罪と償い」と「死と不死」の間に存する更なる関連を真に深く、内から理解するには、あまりふさわしくありません。しかしこのことは、現代の唯物論の問題です。今回、冒頭でお話ししたときの言葉を思い出して下さい。死後にもなお意識が継続するのでなければ、魂の不死はなんら真の不死を意味していない、と申し上げました。死と共に意識が失われてしまうのであれば、人間は不死の存在ではない、と言わざるをえません。人間の本性が無意識の状態で死後も存続するというのでも、人間を人間たらしめているもっとも重要な特質が死後存在しなくなってしまいます。人間の無意識の魂なら、人体が滅びたあとも存在する、と唯物論が仮定する時の原子の集まり以上の意味をもたないでしょう。

個人の意識が維持されるときにのみ、不死について語ることができます。このことは、パウロにとってゆるぎのない真実でした。そして、個人の意識が罪と償いから逃れられない、と考えざるをえなかったので、パウロは当然のこととしてこう考えたのです。――人間の意識が死後、罪と償いによって、もしくは罪と償いの結果によって曇らされるなら、つまり意識が死後、罪と償いによって妨げられるなら、罪と償いが人間を、魂と霊の存在である人間を殺すことになる、と。

もちろん現代の唯物論的な意識は、現在の多くの哲学者の意識も、こういう考え方からかけ離れています。現代の哲学者たちは、人間の魂の存続について語ること、または語りうることに満足しているのですが、人間の不死は、死後の人間の魂の意識的な存続を前提としていなければなりません。

さて、ここで特に神智学の世界観にとって、ひとつの難問が生じます。そのことを知るには、「罪と償い」と「カルマ」という概念の相互関係に注目するだけで十分です。このことは多くの神智学者の場合、次のように言うことで片づけられています。――「われわれはカルマを信じている。人はある人生において犯した罪をカルマとして担っていく。しかし、その罪は、受肉を繰り返す中で清算される」。

しかし、ここから難問が生じます。神智学者たちは安易にこう問います。――「カルマの概念とキリスト教の、例えばキリストによる罪の許しの概念をどう一致させることができるのか」。たしかに、罪の許しの概念は、真のキリスト教に根づいています。例えば、二人の犯罪者の間の十字架上のキリストを考えて下さい。左の犯罪者はキリストを嘲笑して、「お前が神だと言うのなら、おれたちを助けろ」と言います。右の犯罪者はそれに続いてこう言います。――「そんな言い方をすべきではない。なぜなら自分たちは十字架上で死ぬ同じ運命にあるのだから。自分たちは二人ともそれに値することをやってしまった。けれども、この人には罪がない。それなのに同じ運命を引き受けなければならない」。そしてこの右の犯罪者はさらにこうつけ加えます。――「あんたがあんたの国にいるとき、私のことも考えてくれ」。そうするとキリストは、彼にこう応えるのです。――「まことに、私はあなたに言う。今日すでにあなたは私と一緒に天国にいるでしょう」（ルカ福音書二三章）。

この言葉を福音書から安易に取り除くことはできませんし、否定的に論じることもできません。これは重要な、意味深い言葉なのです。神智学者が抱いている問いの難しさはこうです。――この右の犯罪者は自分のカルマをもってその犯した罪を洗い流すことができるのに、キリストがいわば彼を許してこう言うのは、どうしてなのだろうか。――「今日すでにあなたは私と一緒に天国にいるでしょう」。

神智学者はこうも言うことができます。――「この右の犯罪者はそのカルマをもって左の犯罪者同様に、その罪を償うことができるであろう。それなのになぜキリストは右の犯罪者と左の犯罪者を区別したのだろうか」。

ここには明らかに神智学的なカルマ理解にとっての難問が存在しています。この難問はすぐには解けません。しかし、霊学研究によってキリスト教を深く掘り下げていくなら、解くことができます。そこで私は今、別の側面からこの問題に取り組んでみようと思います。この側面のことはすでに皆さんによく知られているのですが、しかしそこに示される独特な事情を明らかにしておかなければなりません。

皆さん、私たちがしばしば取り上げるルツィフェルとアーリマンのことを、この問題との関連で思い出して下さい。私の神秘劇の中で描かれているルツィフェルとアーリマンのことも思い出して下さい。人間的＝人智学的に問題を捉え、そしてルツィフェルを一種の内的な犯罪者であり、アーリマンを一種の外的な犯罪者であると捉える瞬間に、この問題がうまく処理できなくなるのです。なぜなら――次のことをどうぞ忘れないで下さい――、ルツィフェルは悪を、情熱が生み出す内なる悪を世界へ持ち込むとしても、その一方で自由をも世界へ持ち込んでくれるのですから。ルツィフェルは世界全体の中で重要な役割を演じているのです。同様にアーリマンについても、こう言わなければなりません。――アーリマンは世界全体の中で重要な役割を演じている、と。

私たちの経験によれば、ルツィフェルとアーリマンについて語り始めると、神智学者たちは不快になり始めるのです。神智学者たちは一方では、ルツィフェルについてつくってきた感情の余韻を持っています。すなわち、ルツィフェルは本来、この世の恐るべき犯罪者なのだから用心して向き合わなければならない、と思っています。しかしルツィフェルに対するこの感情にすぐに同調してはいけません。なぜなら、ルツィフェルは世界全体の中で重要な役割を担っているのですから。それにもかかわらず、ルツィフェルは進歩する神々の敵であり、創造の計画を妨害するものであり、私たちのうやまうべき神々の敵であることに変わりはありません。ですから基本的に、世界全体の中での重要な役割をこの神々の敵は担っているのです。アーリマンについても同じことが言えます。

そこで、一方において私たちの心がこう感じるのは、よく分かります。――「このルツィフエルとアーリマンに対して、どういう態度をとったらいいのか。これらを憎んだらいいのか、愛したらいいのか。どういう態度をとったらいいのか。まったく分からない」。

どうしてこういうことになるのでしょうか。愛する皆さん、ルツィフェルとアーリマンについて語るときは、物質界に属していない本性について語っているのだということをよく意識していなければなりません。これらの本性の使命、課題は霊界におけるものなのです。特にミュンヒェンでの連続講義［一九一三年夏の『境域の秘密』のこと］の最終回で、私が強調したように、ルツィフェルとアーリマンが進歩する神々から託された役割は、霊界におけるものであって、その点にこの問題の本質があるのです。ですから不一致、矛盾、不調和が生じるのは、ルツィフェルとアーリマンがその役割を物質界の中に持ち込んだからであり、本来の分野でないところで権利を主張するからなのです。

愛する皆さん、けれども私たちがその際心得ていなければならないのは、人間の魂があまり受け容れたがらないことなのですが、私たちの判断、人間の判断が本来もっぱら物質界にしかあてはまらない、ということです。ですから、物質界にしかあてはまらない判断を安易に高次の世界に適用してはならないのです。

私たちはゆっくり、時間をかけて神智学に参入しなければなりません。そうすれば私たちの判断は拡大され、概念、理念の世界も拡大されるでしょう。

唯物論的に思考する現代人は、物質界だけのために用いられるべき判断に終始しているので、神智学を理解できないのです。こういうすべては神智学の観点から理解されなければならないのに、そうすることができないのです。

物質界に留まる限り、「一つの権力が別の権力に敵対している」とき、「敵対的な態度はよろしくない、あってはならない」と言うのは、正しいでしょう。しかし同じことは、高次の世界にはあてはまりません。そこでは判断を拡大しなければならないのです。宇宙を全体として存在可能にするためには、例えば、電気の分野で陽電気と陰電気が必要であるのと同じように、霊的な対立関係が必要なのです。神々は互いに対立する必要があるのです。

愛だけでなく、争いも宇宙を構成している、というヘラクレイトスの言葉がここでもあてはまります。ルツィフェルが人間の魂に働きかけて、物質界の中に争いが持ち込まれるときには、その争いを正しいとは言えません。しかし、同じことは高次の世界にはあてはまりません。そこでは神々の対立が宇宙の構造にとって、宇宙の進化全体にとって必要なのです。高次の世界へ参入するや否や、私たちは別の尺度をもち、別の判断を身につけなければならないのです。ショッキングなことですが、ルツィフェルとアーリマンについては、あるときは神々の敵であり、別のときには宇宙秩序全体の歩みにとって必要な存在である、と思わなければならないのです。物質界にとって妥当な判断を高次の世界に適用する人は、宇宙秩序と衝突することになってしまいます。

愛する皆さん、キリストはキリストなのですから、地上の他の存在たちと同じではないのです。ヨルダン河でのヨハネの洗礼が始まった瞬間から、それまで超地上的だった存在がナザレのイエスのからだに受肉しました。私はこのことを問題の大前提として、繰り返し強調してきました。私たちが向き合おうとしているのは、使徒たちに「私は上から来た、しかしあなたたちは下から来た」、つまり「私は天上の国から来た、しかしあなたたちは地上の国から来た」と語った、キリストの本性なのです。

そこで今、それに続く事柄を取り上げましょう。――地上の存在なら誰でもするような判断を、イエスのからだの中に入ったあの宇宙存在キリストも行わなければいけないのでしょうか。そうではありません。ヨルダン河での洗礼に際してイエスのからだの中に入った存在は、地上の判断をではなく、天上の判断を行うのです。それは人間の判断とは違う基準によるのです。

そこで私たちは今、ゴルゴタで語られた言葉の重みを感じとります。左の犯罪者は、キリストが地上の存在であるだけでなく、超地上的な国の存在でもあるとは信じません。しかし、右の犯罪者は死の直前に、「キリストよ、あなたの国は別の国です。あなたの国にいるとき、私のことを思い出して下さい」と言える意識をもっていたのです。右の犯罪者は、キリストが来た別の国では、地上とはまったく異なる判断が行われていることを、この瞬間に予感したのです。そこでキリストは、自分の国にいるときの意識で、こう答えるのです。――「まことに、あなたが私の国のことを少し予感したことによって、あなたは今日（すなわち死と共に）私と一緒に私の国にいるでしょう」。

この言葉は、超地上的なキリストの力が人間個性を霊界へ引き上げることを示唆しています。地上の判断、人間の判断は当然、こう言うでしょう。――「右の犯罪者も左の犯罪者と同じように、カルマに関しては、自分の罪を償わなければならない」。しかし天上の判断は、それとは異なります。しかし問題はまだ始まったばかりです。なぜなら皆さんはもちろんこう言うでしょうから。――「そうだとしたら、天上の判断は地上の判断と矛盾している。地上の判断がカルマの公平さを求めるとき、キリストはどうして特定の人だけを許すことができるのか」。

　愛する皆さん、これは難問です。しかし今夜は、この難問を私たちの問題として考えようと思います。しかし、はっきり申し上げますが、私たちは今、神秘学のもっとも難しい問題の一つに触れているのです。私たちは人間の魂があまり好まない区別をしなければなりません。人間の魂はこの考察を最後まで首尾一貫して行いたがらないのです。なぜなら、この考察を最後まで首尾一貫させると、いくつかの困難が生じるからです。ですから、私たちは難問に取り組んでいるのです。皆さんはたぶん、問題の本質に迫るために、述べられた事柄を心の中であれこれひっくり返して考察せざるをえなくなるでしょう。

　まず私たちは、一つの区別を立てなければなりません。客観的な公正さで行われるカルマの事実を考察するなら、誰もが自分のカルマに従っており、不正を犯したなら、誰もがカルマ的にそれを清算しなければなりません。よく考えてみれば、本来、人間はそれ以外の在りようを望んではいないのです。実際、誰かが不正を働いたとしますと、そういう行動をとった瞬間に、その人はそうしなかったときよりも、もっと不完全になっています。そして、その不正な行為を清算したとき初めて、不正を犯す以前の完全さの度合いにふたたび戻ることができます。

ですから、不正な行為を清算しようと願わないはずがないのです。実際、清算できたとき初めて、その行為を犯す以前にもっていた完全さの度合いにふたたび達するのです。ですから私たち自身の完成のためには、カルマが客観的な公正さを示すこと以外の何も望むことはできません。基本的に、人間が自由を理解したなら、何らかの罪が許されるようにという願いをもてるわけはないのです。例えば、私たちが今日、誰かの眼を突きさしたとしたら、その罪が許されるように、と願うことはできません。もしそう願えるとしたら、罪をカルマの中で清算する必要がないことになります。

誰かの眼を突きさした人は、そうしなかった人よりも不完全です。そして、更なるカルマの中で、それを代償する行為がなされなければなりません。そうできたとき初めて、その行為を犯す以前の自分にふたたび戻れるのです。基本的に、人間の本質を考えるなら、誰かの眼を突きさしておいて、その行為が許され、カルマが清算される、とはとても思えません。ですから一銭たりともゆるがせにせず、すべてを支払わなければならない、というのは、カルマに関しては、まったく正しいのです。

けれども罪については、別の側面もあります。私たちが背負う罪と償いは、私たちだけの事実ではないのです。それは客観的な宇宙の事実でもあるのです。宇宙にとっての何かでもあるのです。

私たちの犯した罪は、私たちのカルマの中で清算されます。しかし、誰かの眼を突きさしたことは、事実となって存在しています。例えば、私たちが今生《こんじょう》において誰かの眼を突きさし、そして来世においてこのことを清算する何かを行なったとしても、私たちが今生において誰かの眼を突きさした事実は、客観的な宇宙経過にとって来世においても存在し続けます。その行為は宇宙全体の中での一つの客観的な事実になっているのです。私たちにとっては、その行為を後《あと》になって清算することができます。私たちは、自分でつけた汚点を、カルマの中で消すことができます。しかし、客観的な宇宙の事実は存在し続け、私たちが自分の中から不完全さを取り除いても、消し去ることはできません。

私たちは区別しなければいけないのです。

私たち自身にとっての罪の結果

客観的な宇宙経過にとっての罪の結果

この二つの罪の結果を、です。この区別をするのは、非常に重要なことなのです。

ここでこの問題をより理解できるものにするために、一つの霊的な考察をつけ加えたいのです。ゴルゴタの秘蹟以降の人類の進化に眼を向け、キリストの本性を受容することなくアカシャ年代記に向かいますと、すぐに誤謬に陥ってしまいます。すぐにです。なぜなら、アカシャ年代記の中には、個人のカルマ的進化の中に見出せるものと、しばしば一致しないような記録が示されているからです。私の申し上げたいのは、次のような場合です。

七三三年に誰かが重い罪を背負ったとします。私たちがアカシャ年代記を調べて、はじめはキリストとの結びつきをもっていなかったとしますと、アカシャ年代記の中に当の罪を見つけ出すことができないのです。けれども、この年以後も生き続けたこの人物に眼を向け、その人のカルマを調べますと、この人物のカルマには、彼が清算すべきものがまだ存在しています。この清算すべきものは、一定の時点では、アカシャ年代記の中に存在していなければならないはずなのに、その中に存在していないのです。

カルマを研究するとき、当の人物はその罪を清算しなければならないと思い、アカシャ年代記の中に当時の罪が見出せるはずだと思うのですが、しかしその罪がその中に存在していないのです。何という矛盾でしょうか。これは数多くの場合に見られる客観的な事実です。私が今日、誰かに出会うとします。恩寵によって私がその人のカルマについて何かを知ったとしますと、たぶん私は彼を襲ったなんらかの不幸、運命の打撃が彼のカルマの結果であるのを見てとることができ、それが以前の罪の清算なのだと思うでしょう。私がその事実を前生に遡って、当時何が起きたのかを調べますと、アカシャ年代記の中には、その事実が記されていないのです。一体、なぜなのでしょうか。

なぜなら、キリストが客観的な罪を自分で引き受けているからです。私がキリストを心に受け容れ、キリストと共にアカシャ年代記を探求する瞬間に、この事実が見えてくるのです。キリストが罪を自分の国に取り込み、その罪を担い続けているのです。ですから私がキリストから眼を離していると、その罪をアカシャ年代記の中に見出すことができないのです。ですから、次の区別が必要なのです。

カルマの公正さは存在している。

しかし霊界における罪の作用については、キリストが現れて、この罪を自分の国の中に持ち込み、それを自分で担っている。

キリストという存在は、他の国に属しているので、この世での私たちの罪と償いを消して、それを自分で引き受けることができるのです。

ゴルゴタでの十字架上のキリストは、左の犯罪者にどう語ったのでしょうか。彼は何も語りません。しかし語らなかったことに意味があるのです。彼は左の犯罪者にこう言います。――

「あなたの行ったことは物質界だけでなく、霊界においても作用し続けるであろう」。けれども、右の犯罪者にはこう言います。――「今日すでにあなたは私と一緒に天国にいるでしょう」。すなわち「私はあなたのそばにいる。あなたは自分のカルマを通して、後《あと》であなたにとって意味ある行為を、あなたのために行なわなければならない。しかし、宇宙のために役立つ行為（――通俗的な言い方をお許し下さい）は、私のやることだ」。そうキリストは言うのです。

今私たちの行なっているのは、とても重要な区別です。そしてこの問題は、ゴルゴタの秘蹟以後にとって意味があるだけでなく、ゴルゴタの秘蹟以前にとっても意味があるのです。

キリストは本当に死後、死者たちのところへ降りていきました。このことが決して単なる言い伝えでないことは、以前の講義の中でも申し上げてきました。しかし、キリストはそうすることで、かつての時代の罪と償いを引き受けて、今この世にいる魂たちのためにも働いていたのです。キリストを受容せずに、アカシャ年代記に没頭して、ゴルゴタの秘蹟以前の地球の進化を探究するときは、誤謬にさらされます。アカシャ年代記のいたるところで誤謬に遭遇するのです。ですから例えば、リードビーターがキリストのことを実際には何も知らずに、その著『人間―どこからそしてどこへ』の中で、地球の進化についてどんなに混乱した主張をしていても、特に驚くことはありません。実際、キリスト衝動を受け容れるのでなければ、ゴルゴタの秘蹟以前も以後も、地球進化の本質を見てとることはできないのです。

カルマは人間の繰り返される受肉に関わる問題です。ですからカルマの働きは、私たちの地上の判断で計られなければなりません。一方、人類のためのキリストの行為は、地上を超えた宇宙の判断で計られなければなりません。愛する皆さん、そうでなかったら、どうなるでしょうか。

地球紀の終末を考えて下さい。人間たちが地上の受肉を体験し尽くしたときのことを、です。そのときはすべての債務が最後の一銭まで支払われていなければなりません。人間の魂は、そのカルマをすべて清算しているのでなければなりません。しかし、その債務のすべてが地球紀に存在し続けて、地球に作用していたとしたら、どうなるでしょうか。その場合、地球紀の終わりに人びとはカルマを清算しているでしょうが、しかし地球は、木星紀へ移行して、進化を続ける用意がまだできていないのです。ですから、地上の人類全体が居住地を失い、木星紀へ向けて進化していけなくなるのです。地球全体が人間と一緒に進化していけるのは、キリストの行為のおかげなのです。

地球に集められた負債のすべては、地球を闇の中へ突き落とします。私たちは進化を続けていくための次なる惑星を見出せなくなってしまうのです。私たちは、自分のために、カルマに向き合いますが、人類全体のために、人類全体と進化を共にしてきた地球のために、ではないのです。

ですから、どうぞよく考えてみて下さい。地球紀の進化のためには、私たちによってではなく、ゴルゴタの秘蹟で生じた事柄によって、私たちの罪と償いが取り除かれるのです。

ここで明らかにしておかなければなりませんが、もちろんカルマのすべては、人間の行為なしに人間に向かって来ることはありません。人間が行為するのでなければ、人間に向って来ることはありません。そしてこのことは、私が述べたゴルゴタの十字架上での言葉の中で、はっきりと語られています。右の犯罪者が、単なる地上の国とは違った事情にある超地上の国を予感していたことも、はっきり示されています。

人間は魂の中にキリストの本性を浸透させなければなりません。キリストの何かを自分の魂の中に受け容れなければなりません。キリストが自分の中で活動できるようにするのです。そうできたなら、キリストは人間をひとつの国へ導きます。その国の中でも、人間はカルマを働かせずにはいられませんが、キリストを通して、私たちの罪と償いが外界に対しては消し去られるのです。このことは絵画の中にすばらしい仕方で表現されています。例えば、ミケランジエロがシスティーナ礼拝堂で描いた「最後の審判者キリスト」は偉大な印象を与えてくれます。

いったい何がその絵の根底にあるのでしょうか。今、私たちは深い秘教上の事実というよりは、一つの絵を取り上げていますが、そこに正しい者たちと罪人たちとが描かれています。この情景をミケランジェロとは違うやり方で描くこともできるでしょう。すなわち人びとが地球の終末に、または終末後に、自分のカルマを見て、こう言うときの情景です。――「私は自分のカルマを消し去った。しかし霊的には、私の債務は青銅の板の上に書き記されており、その債務は地球の重圧となって地球を破滅させるところまでいくであろう。私はカルマを清算したけれども、しかしそのカルマはまだ地球のいたるところに残っている」。

しかし、この言い方は正しくないのです。地球にとってカルマはそのまま残っているでしょうが、この言い方は正しくないのです。なぜなら、キリストがゴルゴタで死んだことによって、人は地上に自分の債務表を見るのではなく、それを引き受けてくれたキリストを見るでしょうから。人は、アカシャ年代記の中に拡がっていたはずのすべてが、キリストの本性とひとつに結びついているのを見るでしょう。アカシャ年代記の代わりに、キリストがカルマの前に立って、カルマのすべてを自分で引き受けてくれたのです。

私たちは今、地球存在の深い秘密に眼を向けています。しかし、愛する皆さん、何が必要なのでしょうか。この分野で真実を洞察するには、何が必要なのでしょうか。

必要なのは、人びとが――罪の人であれ、義の人であれ、誰でも――、キリストに眼を向けるようになることなのです。人びとはキリストの立っているところに、無を見ていてはなりません。

大切なのは、キリストと結びつくことなのです。そして、まさにこの右の犯罪者が、その言葉の中でキリストとのそのような結びつきを私たちに示してくれているのです。キリストは、彼の霊の下で働く者たち（使徒たち）に罪を許すように委託したとき、それによって人びとのカルマに干渉しろとは決して求めていませんでした。しかし、キリストと関わりをもつことで地球が救われるというのです。罪と償いがキリストのカルマの中で清算されたことで客観的な事実として地球が救われる、というのです。

キリストの委託の下で、使徒たちは人びとの魂をこう力づけるのです。――「あなたはあなたのカルマの清算をいつかしなければならない。けれども、キリストがあなたの罪と償いを引き受けて下さる。あなたが後に途方もない苦悩を背負わずに済むようにして下さる。そうでなかったら、あなたの罰科《つみとが》は、地球そのものを破滅させたであろう。このことに気づかなければならない」。

キリストが私たちの罪科を引き受けてくれたのです。ですから「あなたの罪は許された」という使徒の言葉は、宇宙的な事実に関わる言葉であって、カルマ的な事実を言っているのではないのです。

福音書は、私たちの心に深く深く突きささるように、この問題に対するキリストの立場を示してくれています。キリストの前に密通した女が連れて来られました。キリストは、女を連れてきて、その女を罵《ののし》り続ける人たちに、二つの行為を示しました。一つは大地に何かを書き記しました。もう一つは女を許しました。何も裁かず、罵りもしませんでした。しかし、キリストはなぜ大地に書き記したのでしょうか。なぜなら、カルマは働いているからです。カルマは客観的に公正であるべきだからです。密通したことは、消えません。そのことをキリストは大地に書き記すことで示したのです。しかし、地上の結果ではなく、霊的な結果は違います。キリストは霊的な結果を引き受けます。「彼は許した」というのは、絶対的な意味で行為の結果が消え去ったというのではなく、客観的に為されたことの結果をキリストが引き受けた、という意味なのです。

そこで考えてみて下さい。ある人が次のように言うとしたら、それはどんな魂だと思いますか。――「たしかに私はそういうことをやってきた。しかし、その行為は私の更なる発展を妨げはしない。今の私は、そうしたときの私よりも、もっと完全になったのだから。私は、自分の行為を清算することで、自分のカルマの更なる経過の中で、より完全な存在になることが許されている。しかし、私は地球の進化のためにその行為をなかったことにすることはできない」。

私たちの力ではもはや変えられない破壊的な行為が地球に加えられずに済むようにしてくれるキリストが地球と結びついてくれなかったなら、私たちは言い表わし難い苦しみを地球と共に担わなければならなかったでしょう。キリストはそのような存在なのです。主観的なカルマではなく、行為の霊的、客観的な結果を、キリストは私たちから取り除いてくれるのです。

すでに述べたように、これは私たちの心情の中でさらに深めていくべき事柄です。そうすることができれば、キリストが基本的に地上の全人類に関わっている本性であることが分かるでしょう。地球は人類のために存在しているのであり、その意味でキリストは地球全体と関わっているのです。人間は主観的に、カルマから自分を救済することができますが、しかし地球をも一緒に救済することはできません。そうすることができるのは、宇宙存在であるキリストだけなのです。

今私たちは、キリスト教とカルマ思想との完全な一致を、ある神智学者たちが理解できないでいる理由に気がつきます。つまり、その神智学者たちはエゴイズムを、高級なエゴイズムを神智学の中に持ち込んでいるのです。だから、こう感じ、こう思考しているのです。――「もしも自分のカルマの中でのみ自分を救済することができるのであれば、世界全体のことにかかずらう必要など、どこにあるのか。自分でやりたいようにやっていればいいのだ」。

こういう神智学者は、カルマの清算について語ることができれば、それで満足なのです。けれども、それでは何にもなりません。人間が自分のことしか考えようとしないならば、生粋《きっすい》のルツィフェル的存在になってしまいます。しかし人間は、宇宙の一分肢として、帰依《きえ》しつつ宇宙に対していなければいけません。自分のためだけなら、利己的な態度でカルマを通して自分を救済できるとしても、それだけでは地球全体を共に救済したことにならないことを、よく考えなければなりません。

　だからこそキリストが出現されたのです。私たちが自分の自我のことだけにかまけているわけにはいかない、と納得できた瞬間に、自分の自我とは別の立場で考えなければならなくなります。ではどのように考えなければならなくなるのでしょうか。「私の中のキリスト」を、とパウロは言います。「私の中のキリスト」を考えるときの私たちは、キリストと共に地球全体とも結びつくのです。私たちは、私の自己救済ではなく、私の中のキリストと地球救済を考えるのです。

　愛する皆さん、多くの人が自分のことを真のクリスチャンであると信じて、別の人、例えば人智学を学ぶクリスチャンを異端者あつかいにして、そういう自分の宗教をキリスト教であると思っているとすれば、キリスト教本来の課題が分からなくなっています。

　ここで、こう問うのを許していただきたいのです。――私は何でもやることが許されている。キリストがこの世に来られたのは、私のやったすべてを受け取り、私の罪を許してくれるためだ。だから私は自分のカルマ、私の罪と何の関わりも持つ必要がない。――そう考えることが本当にキリスト的なのでしょうか。

愛する皆さん、こういう考え方に対しては、「キリスト的」という言葉ではなく、「ご都合主義的」という言葉のほうが似合っているのではないでしょうか。ただ悔い改めさえしたら、この世でやってきたすべての犯罪的行為をカルマから消し去ってくれる、というのは、たしかに都合のいい考え方です。

でも、そんなことでカルマから消し去ることなどできません。私たちが人間的な弱さのゆえに、ルツィフェルの誘惑から自分を守ることができなくなってしまったときは、地球の進化のために私たちの行為を消し去ってくれます。そうしてくれるのがキリストなのです。

私たちが地球の進化という客観的な時の流れに罰をつくってしまった、という苦悩は、罪のゆるしと共に私たちから取り除かれます。大切なのはそのことに心を向けることです。私たちが事柄をそのように受けとめるなら、他の事柄にも真剣な態度で臨むことができ、そうすることで真のキリスト理解に近づくことができるでしょう。真剣な態度でキリストと結びつくことができるでしょう。そして、冷笑的と思わざるをえないような態度は取り除かれるでしょう。

今日お話しした一つひとつは、新約聖書の重要な箇所（複数）が立証してくれています。そういうどの箇所も、私たちにこう告げているのです。――キリストは他の人間たちと同じ存在なのではなく、ヨルダン河でのヨハネの洗礼の折に、「宇宙から」人間の地球進化の中へ組み込まれた存在である、と。

そのすべての箇所が、キリストの宇宙的性質を語っているのです。ですからキリストの罪と償いに対する立場を深く受けとめる人は、こう言うのです。――「人間は地球紀の間に地球全体に対して犯した自分の罪を清算することなどできない。だからある宇宙的存在が降りてきて、地球から罪の重圧を取り除くことができるようにしてくれるのだ」。

真のキリスト教は、キリストを宇宙的存在であると見なさないはずがありません。だからこそ私たちは、「私ではなく、私の中のキリスト」という言葉の意味するところを、深く深く心に刻み込まなければならないのです。そして、そうできたときには、この認識から私たちの魂の中へ、次の言葉の意味するところが光を投げかけてくるのです。――「私ではなく、私の中のキリスト、と言えるとき、私は地上の領域から引き離される。そのとき私の中には、宇宙の力が生きている。私は人間として、自分の魂の中にこの超地上的な力の存在を担っている。私は土星紀、太陽紀、月紀以来の私の素質の中に、この超地上的な存在を担っている」。

ひとつの途方もなく大きな意味が、人間意識の中に「キリスト化されて」生き続けます。そしてキリストに対する内的な責任を真剣に受けとめなければならない、という思いを、「私ではなく、私の中のキリスト」というパウロの言葉と結びつけるのです。

しかしさらに、このことは人智学とキリスト意識との結びつきも意味します。ですから私たちは責任を感じ、どんな機会にも、次のように言ったりはしなくなります。――「私はそう信じる。信じるのだから、そう言うことも許されるはずだ」。

私たちの唯物的な時代は、「そう信じたのだから、そう言ってもいいはずだ」、という立場をますます助長しています。愛する皆さん、私たちがそのように短絡的になって、何かをいつか信じて、それを調べもしないで、すぐに世間に向かって叫び、または世間に向けて書くとしたら、私たちの中のキリストを貶《おとし》め、私たちの中のキリストを新たに十字架につけることにはならないでしょうか。

ですから、私たちはキリストと真剣に向き合い、私たちの中のキリストにふさわしくあろうとして、私たちの中の宇宙の原則であるキリストに対して、ますます良心的な態度をとるのでなければなりません。

平気で自分の行いを悔い改めようとする多くの人は、キリストを宇宙原則であるとは思っていません。まず仲間に対してうまく嘘をつき、そのあとでこの嘘を消してしまおうというのです。魂をキリストにふさわしくしようとする人は、今この瞬間に確信しているとしても、それを口外していいものかどうか、まず吟味しようとするでしょう。

真のキリスト理解がこの世に広まったなら、多くのことが変わるでしょう。知りもしないことを手際よく書き記すことで、書く仕事、汚れやすい黒インクで紙を汚す仕事に従事している多くの人は、そのとき、人間の魂の中のキリストを貶めているのを悟るでしょう。そして「そう信じたのだから、信じるままにそう書いた」、という言い訳《わけ》をしなくなるでしょう。キリストは「良き信仰」を望んでいるわけではないのです。キリストは人びとを真実に導こうとしているのです。キリストは、「真実はあなたたちを自由にする」とさえ言いました。しかし、自分の思い込みで考え、何も知らずにあれこれを世間に書き送ることが可能である、とキリストがどこかで言ったことはあったでしょうか。

　多くのことが変わらなければならないのです。人びとが「私ではなく、私の中のキリスト」という言葉にふさわしくなる、という根本命題から出発するなら、こんにちの大部分の書物は、存在できなくなるでしょう。私たちの退廃文化の根の深い病弊がなくなるには、実際に信じているのでないのに、安易に、あらゆることを世間に叫び散らす声が聞こえなくなるのでなければなりません。真実に応えているのかどうか、何も確信のないままに書き続け、白い紙を印刷して汚すことなど、なくならなければなりません。

「キリスト的良心」と呼ばれるものが、キリストと共に、人びとの心の中にますます入ってくるでしょう。パウロの言葉「私ではなく、私の中のキリスト」は、魂がキリストの存在を意識するようになるとき、ますます心の中に入ってくるでしょう。

　信じるところを語るだけでなく、語る事柄を客観的な事実に照らして吟味しようとする気持ちが今後ますます魂の中に入ってくるでしょう。

キリストは魂にとって、真実の教師、高次の真実の教師なのです。魂たちが「私ではなく、私の中のキリスト」という言葉の本当の重みを感じるようになればなるほど、キリストはその魂たちの中に浸透していくでしょう。

第四講

一九一四年七月一六日

人間はいつでも真実を必要としていますが、その真実はいつも正しく理解されているわけではありません。真実を自分の中に受け容れるのは、認識のためであるだけでなく、なによりも生命力のためです。私たちが真実を生きようとするのは、私たちの魂が世界の一要素として生きるためなのです。ちょうど私たちのからだが生きるために外から空気を取り込むのに似ています。このことは、聖書の中の深い真実についても言えます。聖書も、それが啓示されたずっと後になって、やっと人びとが本来の内的な意味を認識できるようになるような仕方で述べられています。

皆さん、新約聖書は人類のための聖典として記され、そして普及していきました。しかし、この新約聖書を完全に理解するには、これからの地球紀の進化全体が必要なくらいです。人間は将来ますます、外界についても、霊界についても、多くのことを経験するでしょう。そして、そのすべてが新約聖書を理解するのに役立ってくれるでしょう。その理解は次第に生じます。しかし新約聖書は、単純な仕方で書かれています。まず受け容れられ、そしてそのあとで次第に理解されるように書かれています。

愛する皆さん、私たちが新約聖書の中の真実を受容するとき、その真実の深い内容をまだ十分に理解していないとしても、その受容する行為は決して無駄であるとは言えません。真実は、あとになってから認識力になってくれるのですが、それ以前にも、その真実を受容するとき、すでに生命力になっています。多かれ少かれ子どもっぽい形式で受容するときも、です。私たちが昨日考察を始めた諸問題は、それらが新約聖書の中で述べられている通り、これからますます深められていくことを求めています。そして、霊界とその秘密に洞察の眼を向けることを求めています。

さて、昨日始めた考察を今日もさらに続けようと思います。秘教上の秘密に眼を向けることで、罪と償いの謎をさらに深く捉えながら、それを導き手として、「キリストと人間の魂」の関係に光を当てることができるようにしたいのです。

愛する皆さん、霊学を学ぶなかで、特にひとつの大切な問いが私たちの心を惹きました。「なぜキリストは人間のからだで死んだのか」という問いです。この問いは基本的にゴルゴタの秘蹟の問いでもあります。なぜ神は人間となって死んだのでしょうか。

神が地上の人間になることが、宇宙の進化の過程で必要だったからこそ、神は人間として死んだのです。宇宙の神が地球紀の進化の指導者になるのは、必要なことだったのです。そのためにキリストは死に馴染《なじ》まなければなりませんでした。愛する皆さん、死に馴染まなければならなかったのです。「神が死に馴染む」という言葉は、深く深く人間の魂によって受けとられなければなりません。

普通、人が死と向き合うのは、誰かが死ぬのを見るとき、または自分が死に類した何かを経験するとき、または自分自身が死期を迎え、現在の受肉が終わるのを悟ったときです。しかしこういうことは、基本的に、死の外的な側面にすぎません。

死は、私たちの生きているこの世の中で、まったく別様に存在しています。このことに注意を向けなければなりません。ごく日常的な現象を例に挙げてみましょう。私たちは空気を呼吸しています。しかし、空気は私たちの中で変化します。吐き出された空気は、死んだ空気です。吐き出された空気をさらに呼吸することはできません。吐き出された空気は死せる空気なのです。

今は、「空気は人間の中に入ると、死んでしまう」という表現を知っていただくだけにとどめておこうと思います。実際、空気の中に生きているものは、人間の中に取り込まれることによって死ぬのです。人間が空気を呼吸するとき、ひと呼吸するたびに、空気にとって死がやってくるのです。しかし、これはひとつの現象にすぎません。私たちの眼の中に入ってくる光線も、同じように死ななければなりません。そして私たちの肺が空気に対するように、私たちの眼が光線に対するのでなければ、私たちは世界の中で光線を体験することはなかったでしょう。私たちの眼の中に入ってくるどの光も、私たちの眼の中で死んでしまいます。そして私たちが見ることができるのは、私たちの眼の中での光の死のおかげなのです。光の中に生きているものは、私たちの眼の中に入ることによって死んでしまいます。光線は私たちの眼の中で殺されるのです。眼が知覚できるように、光線を殺すのは私たちです。私たちの中には、地上の人間が意識をもつために、死なねばならないものに充ちているのです。からだのために私たちは空気を殺し、私たちの中へ入ってくる光線を殺します。そのようにして、さまざまな関連で、私たちは何かを殺しています。

　霊学の助けをかりるとき、私たちは素材を、地、水、風、火に分けます。さらに私たちは、熱エーテル、光エーテルについて語ります。私たちは自分の中に入ってくるものを、地から光エーテルに到るまで、みんな殺しているのです。地上の意識をもつことができるように、私たちは絶えず殺害を繰り返しているのですが、しかし、あるものだけは私たちの地上の生活の中で、殺すことができません。

　光エーテルの上位に存在する「化学エーテル」と「生命エーテル」という二種類のエーテル

だけは殺すことができないのです。しかしその代わり、この二種類のエーテルは、私たちに特に関与していません。私たちが化学エーテルを殺してしまったら、宇宙ハーモニーの波が絶えず私たちの肉体の中に響き続け、そして、私たちの肉体はこの波を絶えず殺し続けなければならなくなります。

　また私たちが生命エーテルを殺すことができたら、地球に流れてくる宇宙生命を絶えず私たちの中で殺し続けるでしょう。地上には音という代用品がありますが、しかし、私たちが肉身の人間として化学エーテルを聴くことができたなら、この代用品など、とても較べものにはならないでしょう。物質上の音響は空気の産物であって、霊的な音響の単なる代用品にすぎないのです。

　ルツィフェルの誘惑が始まったとき、神々は、光エーテル以下の素材が人体の中で死ななければならなくなるような領界へ人間を移さざるを得ませんでした。しかしその当時、神々はこう語りました。そして、その言葉が聖書の中に記されているのです。――「人間は善と悪を区別することを知った。しかし生命を保つことは許されない。だから生命の樹のものは、食してはならない」。

　愛する皆さん、神秘学の意味で別の言葉をここにこう付け加えることができます。――「生命の樹のものは、食してはならない。そして素材の霊のものは、聞いてはならない」。

人間は生命の樹のものを食してはなりませんし、素材の霊のものを聞いてはなりません。これらの領域は人間には閉ざされています。古代の秘儀における一定の手続きによって、秘儀に参入すべき古代人たちに、脱魂状態において、キリストを見ることが許されたとき、宇宙音楽の音も開示され、宇宙を通して鼓動する宇宙生命も開示されました。だから古代の哲学者たちは宇宙音楽について語ったのです。

このことに注目するとき、ヨルダン河でのヨハネの洗礼に際してキリストが私たちのところに来る前にいた諸領域が私たちに開示されます。キリストはどこから来たのでしょうか。キリストは、ルツィフェルの誘惑によって人間に閉ざされてしまった諸領域から、宇宙音楽の領域から、宇宙生命の領域から私たちのところに来たのです。人間は地球紀の発端に、ルツィフェルの誘惑の結果、これらの領域のことを忘れなければなりませんでした。しかし、キリストはヨルダン河でのヨハネの洗礼に際して、人体に受肉しました。この人体の中に入ったのは、宇宙音楽の霊であり、宇宙生命の霊でした。この霊は、地球紀の進化の発端には、まだ人間の魂に属していたのですが、現在の人間の魂は、ルツィフェルの誘惑によって、この霊の領域から追放されねばなりませんでした。愛する皆さん、人間は霊と親和していたのです。人間の魂は本来、宇宙音楽の領域と、言葉の領域でもある生きた宇宙エーテルの領域とに属していたのです。

人間はそこから追放されました。そして、人間は今ふたたびそこに戻るべきなのです。かつて自分が追放されたところに、ふたたび戻らなければならないのです。ですから霊学の立場からも、ヨハネ福音書の言葉は深い印象を与えます。――「はじめに――人間がまだ誘惑に陥らずにいたとき――、ロゴスがあった。人間はロゴスに属していた。ロゴスは神のもとにあった。そして人間はロゴスと共に神のもとにあった。そしてロゴスは、ヨルダン河でのヨハネの洗礼によって、人間の進化に加わった。ロゴスは人間になった」。

私たちはここに、意味深い関連を見出します。

一度この真実を前にして、問題を別の側面から考察してみましょう。

愛する皆さん、人体全体は外側からしか私たちに姿を見せてくれません。外側だけから示されるのでなかったとしたら、人間は見るたびに光の死体を眼の中に吸い込んでいるのを意識しなければならなかったでしょう。

パウロの言葉、「私ではなく、私の中のキリスト」が成就するために、キリストは何を引き受けなければならなかったのでしょうか。キリストは人間にならなければなりませんでした。しかしその人間の体は、人間本性によって殺害された地水風火から光エーテルまでの地上存在に充たされています。そして二つの高次のエーテル存在だけが死をまぬがれています。

キリストは、私たちの物質界の中に住むことができるために、みずから死の世界に馴染まなければなりませんでした。この世に広がっているすべて、光から素材の深みに到るまでのすべてに馴染まなければなりませんでした。私たちが内に担っている光の死体、熱の死体、空気の死体等々の中に入っていくことができなければなりませんでした。キリストはそのような死に馴染むことによってのみ、人間的な存在になれたのです。私たちはルツィフェルの誘惑によって、死の世界にいます。その私たちが「私たちの中にキリスト」を見出せるために、神が死ななければならなかったのです。私たちはこのことを魂で感じとらなければなりません。

　しかし、人間の場合、その感覚的存在の背後に、いくつもの別のことがひそんでいます。植物界に眼を向けてみましょう。陽光が大地から植物たちを呼び出します。科学は、光が植物の成長に不可欠だ、と教えています。愛する皆さん、けれどもこれは真実の一面にすぎません。見霊的な眼で植物を見ますと、植物から生きた精霊たちが立ち昇って来ます。すなわち光は植物のほうに沈み、そしてふたたび生きた精霊となって昇って来ます。光は植物の中へ入っていって、その中で変容し、生きた精霊に生まれ変わるのです。

　動物の中へは化学エーテルも入っていきますが、人間はこのエーテルも知覚できません。もし人間が化学エーテルを知覚できたら、このエーテルは霊的に音を響かせるでしょう。動物はこのエーテルを水の精たちに変容させます。

　植物は光を空気の精に変え、動物は化学エーテルの中で働く霊を水の精に変えます。しかし人間は、宇宙エーテル、生命エーテルの中に存在するものを、人間を生かすものを、そして自分の中では殺せなくなったものを、地の精に変えるのです。人間はこの生命の働きを地の精に変えるのです。

私はカールスルーエでの連続講義（『イエスからキリストへ』）の中で、人間ファントムのことをお話ししました。今日述べていることと、あのとき人間ファントムについて述べたこととを関連づけてお話しする時間が今はありませんが、この二つの間には結びつきがあるのです。今日の話とあのときの話とを結びつけて考えて下されば、皆さんは自分でその結びつきを見つけ出せるでしょう。今日はこの問題を別の側面から述べなければなりません。

人間の中では、霊的なものが絶えず生み出されています。人間は周囲に放射するオーラを通して、地球の地の精霊を絶えず豊かにしています。しかし、この地の精霊の中には、人間が人生で獲得した道徳的もしくは人間的なもろもろの質がすべて含まれています。皆さん、人間は世界の中に自分の道徳的、知的、美的なオーラを絶えず送り込んでいます。そしてこのオーラは地の精霊となって、地球の中でさらに生き続けるのです。このことは見霊的な眼で見ると、疑いようのない真実です。

私たちは、ちょうど彗星が尾を引いて宇宙を渡っていくように、人生で身につけたものを霊のオーラとして、ファントムとして引きずりながら、地球紀の全生活を渡っていきます。しかもその際、同時に私たちの道徳的、知的な魂の力を世界の中へ放射しています。

　このことも人生の一部分なのですから、人生は実に複雑です。

　私たちがゴルゴタの秘蹟以前にまで霊的考察を遡らせていきますと、ゴルゴタの秘蹟以前の人間が道徳上の質を含んだこのファントム存在を、そのまま外界へ、地球外の霊的オーラの中へ送り出していたのが分かります。しかし、人類は地球紀の過程で特別の進化を遂げました。そして進化のこの特定段階で、ゴルゴタの秘蹟が生じたのです。そして、それ以前の人間が放射するファントム状の働きが、ゴルゴタの秘蹟の時代に、より濃密に、より明確な形をとるようになったのです。

　そして人間は、眼の中に入ってくる光線を殺すことによって自分の中に取り込む死を、このファントム状の働きの根本性格に組み込みました。人間が自分の中から放出する、この地の精霊のような存在たちは、いわば死産した霊児なのです。なぜなら人間がそれらの存在に自分の死を託していたのですから。

　そこで考えてみて下さい。キリストがもし地上に降臨することがなかったら、人間は魂を地上のからだに滞在させている間、絶えず死を刻印づけられた存在たちを放射し続けたでしょう。そして、昨日お話しした人間の道徳生活の結果である客観的な罪と負債は、この死と結びついたままだったでしょう。客観的な罪と負債が死の中に存在していたでしょう。もしもキリストが来なかったなら、地球紀の進化に何が生じたでしょうか。ゴルゴタの秘蹟が生じるべき時代から、人間は死を組み込んだ濃密な諸形姿を霊的に生じさせたでしょう。そしてその濃密な諸形姿は、地球と共に木星紀へ移っていかなければならなかったでしょう。人間は地球紀に死を与え、その死せる地球が死せる木星を産んだことでしょう。

ゴルゴタの秘蹟が生じなかったなら、人間から放射されるものに宇宙音楽、宇宙生命を浸透させる可能性がなくなってしまい、こうした死の状態に到らざるをえなかったでしょう。宇宙音楽、宇宙生命が人間から放射されるものの中に輝き入ることはなかったでしょう。しかし、キリストがゴルゴタの秘蹟を通して、このことを可能にしてくれたのです。ですから今、私たちはキリストを受容し、「私ではなく、私の中のキリスト」を私たちの中に生かします。そしてキリストとのこの関係を育てることによって、私たちが放射する死んだものに、いのちを与えるのです。私たちは死を自分の中に担っています。生きたキリストは、その私たちに浸透して、私たちを死の状態から甦らせてくれるのです。

私たちがあとに残したこの客観的な罪と負債の中に、私たちのカルマの中では清算できないものの中に、生きたロゴスであるキリストが入っていき、私たちを甦らせ、そうすることで生きた地球を生きた木星にまで発展させるのです。これこそがゴルゴタの秘蹟の成果なのです。

しかし以上のことをよく考えるなら、私たちの魂はキリストを受容しつつ、次のように言えなければなりません。――「かつての人間は、神的ロゴスの膝下にいた。しかし人間はルツィフェルの誘惑に陥らなければならなかった。人間は自分の中に死を受け容れ、そうすることで、死せる木星になるべき死せる地球を生み出す原因をつくってしまった。誘惑に陥る以前の人間の魂なら地球に生きるために霊界と共有できたはずの神的ロゴスを、見失っていた。その神的ロゴスがキリストと共に、ふたたび人間の地上生活の中に浸透してきたのだ」。

キリストを受容し、自分がキリストに浸透されていると感じながら、その人はさらにこう言うこともできるでしょう。――「ルツィフェルの誘惑以前に神々が私に与えてくれたもの、しかしルツィフェルの誘惑によって宇宙全体の中に残しておかなければならなくなったもの、それがすべて、キリストと共に私の魂の中に戻ってくる。キリストを受容することによって初めて、魂はふたたび完全になる。そのとき初めて、地球の原初に神意によって定められた通りの私になる」。

私たちはみずからにこう問いかけます。――「キリストなしにも私はまともな魂でありうるのか」。

ありえません。私たちの魂が指導する神々の意図通りの魂になりうるのは、キリストのおかげなのです。私たちの魂は、キリストによってすばらしい郷愁の思いにかられます。まことに宇宙的キリストは、地上でルツィフェルの誘惑によって失ったものをふたたび人間の魂に与えるために、魂の原初の故郷からやって来てくれたのです。そして、神々によって魂に与えられた原初の故郷へふたたび魂を導いてくれるのです。

この郷愁の思いは人間の魂の中に真のキリスト体験を与えてくれ、心を喜ばせ、心を浄福感で充たしてくれます。この思いは、例えば、中世キリスト教の神秘家たちの心をも明るい喜びで充たしました。中世の神秘家たちは感覚的なイメージでいろいろ書き記していますが、その根底にはこの霊的な体験が生きていたのです。例えば、クレルヴォーのベルナールその他のキリスト教神秘家たちは、人間の魂を、花婿を失った花嫁のようだと感じていました。そして、キリストがこの神秘家たちの魂の中に入って、その魂に深く浸透したとき、この神秘家たちはキリストを魂の花婿であると感じました。かつての魂たちはこの花婿と結ばれていたのに、ルツィフェルによって自由の道を歩み、善と悪を区別する道を歩むようになり、その結果、かつてそこから立ち去った故郷での花婿を失っていたのです。

人間の魂が本当に、キリストの中に入っていき、ゴルゴタの死によって大地の霊的な雰囲気の中へ、そして人びとの魂の中へ流入したこの生きた存在を自分の中に感じとるなら、実際その魂は、キリストを通して、自分の中に生命が吹き込まれるのを感じとり、死から生への移行を感じとるのです。

私たちは遙か遠い地球紀の終わりに到るまで、人体の中で地上生活をつとめ上げなければなりません。その間は宇宙音楽を直接聴いたり、宇宙生命に直接触れたりすることはできません。しかし、キリストから流れ出るものを体験することならできます。そうすれば、宇宙音楽と宇宙生命から受けとるであろうものを受けとれます。かつてピタゴラスは宇宙音楽について語りました。愛する皆さん、なぜピタゴラスは宇宙音楽のことを語ったのでしょうか。

ピタゴラスは古代秘儀の参入者として、魂が身体から抜け出る過程を辿りました。魂が身体から抜け出たとき、霊界へ赴き、そしてそこで後に地上に降臨するキリストを見たのです。

ゴルゴタの秘蹟以後は、ピタゴラスが語ったようには、宇宙音楽について語ったり、魂を身体から分離したりはできなくなったとしても、別の仕方で宇宙音楽について語ることができるようになりました。秘儀参入者であれば、こんにちでもピタゴラスのように語ることができるでしょうが、通常の地上の人間でも、「私ではなく、私の中のキリスト」を体験することによって、宇宙音楽を宇宙生命として語ることができるのです。実際、宇宙音楽の響きは、宇宙生命のいとなみにほかならないのですから。

私たちは本当に私たちの内なるキリストと出会わなければなりません。本当にキリストを私たちの魂の中に受容しなければなりません。

人間がキリストを自分の魂の中に見出せず、キリストを魂の中に受け容れなかったとしたら、人間は、地球紀の終わりになって、それまでに生じた地の霊たちがつくり出した霊の霧の中で、それまでの輪廻転生の過程で生み出されたすべてのファントム存在たちと結びついてしまうでしょう。そこには死んだ地球しか残らず、その死んだ地球が木星紀へ移行するでしょう。

私たちは地球紀の終わりまでには、自分のカルマを完全に清算することができるでしょう。それまでの不完全な行為のすべてを、主観的に清算することができるでしょう。そのときの私たちの魂は、私たちのエゴは、完全な存在になっているでしょう。しかし客観的には、私たちの罪と負債はあとに残されたままなのです。

これはまったく真実なのです。なぜなら、私たちは、自分だけで生きているだけなのではなく、自分のカルマを清算することで、エゴイスティックに、より完全になるために生きているだけなのでもなく、また世界のためにも生きているのですから。

もしも私たちが生きたキリストを受容しなかったなら、私たちの地球紀の最後は、巨大なタブローのようになっていたでしょう。実際、昨日の第三講で述べたことを今日述べたことと結びつけるなら――これは同じことを二つの側面から見ているだけなのですが――、キリストが地上の人類の罪と償いを、それが客観的な罪と償いである限り、引き受けてくれるのが見てとれます。私たちが「私ではなく、私の中のキリスト」、「私たちの中のキリスト」を深く心に留めるなら、キリストは私たちがあとに残したものの中に浸透して、輪廻転生の過程で外に残したものを甦らせてくれます。

ではそのとき、そのすべてはどんな結果を生じさせるのでしょうか。

現在も未来もすべての人間のために働くキリストが、そういうすべてをまとめて引き受けてくれることによって、人間一人ひとりの転生の過程で外に残したすべてが互いに結び合うのです。一人の魂の輪廻転生を考えてみましょう。ある転生を通して特定の結果が外に残ります。次の転生の場合も、特定の結果が外に残ります。更なる転生においても同様です。そのようにして、地球紀の終わりに到ります。転生するたびに、生活の結果が地球紀の終わりまで外に残っています。そういう残りがキリストに浸透されますと、それらは互いに押し合い、凝縮します。薄いものでも圧縮されると、厚くなります。霊的なものの場合も厚くなります。こうして私たちの地上での輪廻転生の結果のすべては、一つの霊体にまとめられます。そして木星紀に移行するとき、この霊体が役に立ってくれるのです。なぜなら、この霊体が木星紀における私たちの受肉の出発点になるのですから。

私たちの魂は、地球紀の終わりに立ち合います。それまでと同様に、カルマを伴って立ち合います。そして、キリストによって集められた私たちの地上の残りと一つに結びつき、その残りと共に木星紀へ移行するのです。

私たちはからだに、個々の転生から濃縮された地上のからだに復活するのです。愛する皆さん、私は本当に深く心を動かされて、今こう申し上げます。――私たちはからだに復活するのだ、と。

こんにち、一六歳かあるいはもっと若い人たちは、信仰を求めてはいますが、学校教育によって、「肉体の復活というようなナンセンスには、幸いにも陥らないでいられる」と考えるようになっています。しかしその一方で、神秘学によって世界の秘密に参入しようとする人たちは、今回のような講義内容をも理解しようと努めています。この講義の冒頭で述べたように、こういう内容を人びとに向かって語るのは、人びとがまずその内容を受けとめ、そしてそのあとで、その内容を思考できるようにするためなのです。

肉体の復活は現実の問題です。私たちの魂は、キリストによって集められた地球の残《ざん》滓《し》から成る、キリスト化された霊体となって復活しようとしているのです。私たちの魂は、このことを理解できるようにならなければなりません。私たちが生きたキリストを自分の中に受容しなかったゆえに、この地上のからだの罪と償いを身近かに感じとれず、自分をこの地球のからだとひとつに結びつけることもできなかった、と仮定してみましょう。そのようにして私たちがキリストを退けてしまったら、地球紀の終わりに私たち一人ひとりの受肉の残滓は、ばらばらに存在することになるでしょう。その残滓は残り続けても、全人類を霊化するキリストによって集められることはないでしょう。地球紀の終わりの私たちの魂は、地球に拘束され続け、地球の中の死んだ残滓に結びついたままでしょう。私たちの魂は、自己主義的な仕方でなら、霊的に解放されるでしょうが、私たちがあとに残した体の残滓には関われないでしょう。

愛する皆さん、そういう魂は、ルツィフェルの恰好の餌食になってしまいます。なぜなら、ルツィフェルは本来の地球の目標に妨害を加えようとしているのですから。ルツィフェルは人間の魂が地球紀の目標に達することがないように、魂が霊界から離れることがないように努めています。そして、散らばった地球の残滓を、木星の死んだ成分になるように、木星紀に送り込もうとします。この死んだ成分は木星紀の月となって、木星と関わりながら木星の表面に現われて、木星紀の種族魂を生じさせることでしょう。

ここで数年前にお話ししたことを思い出して下さい。人類は木星紀に二つの人類に分裂するであろう、と申し上げました。地球紀の目標に到達した魂たちと、木星紀で人間界と動物界との中間領界を形作るであろう魂たちとです。後者の魂たちはルツィフェル的に、つまりもっぱら霊的に存在しています。この魂たちは体から離れ、体を、自分を映し出す単なる鏡にしています。人類は木星紀になると、善と悪二つに分かれるのですが、今日はこのことをもっと深く考察しようと思います。

木星紀には、キリストの進化を通して、人類は「自分のエゴだけを完全にしようとして、地球全体の運命を自分のことと考えようとはしない」ことが、どういうことなのかを痛感させられるでしょう。地球紀においてキリスト化されなかった自分を心眼に映し出しながら、人間は木星紀全体を通して、このことを痛感させられるでしょう。

愛する皆さん、以上のすべてをふまえて、「あなたの罪は許された」というキリストの言葉を思い出して下さい。キリストはこの言葉と共に使徒たちを世間に送り出し、そしてキリストの名の下に、人びとの罪を許すことができるようにしたのです。

なぜキリストの名の下に罪を許すのでしょうか。なぜなら、この罪の許しがキリストの名と関連しているからです。罪が消され、生きた生命《いのち》に創り変えられるのは、キリストが地球に残したものと私たちが結びつき、そして私たちが地球紀を生きている間に、「私ではなく、私の中のキリスト」というパウロの言葉の意味でキリストを自分の中に担ったときなのです。

キリスト教の一派が外見上の儀式の中でこのキリストの言葉に結びつき、キリストとの結びつきを繰り返し繰り返し魂たちに意識させようとしているのを見るとき、私たちはこの言葉に込められた深い意味に感銘を受けざるをえません。どこかのキリスト教の一派の牧師が、いわばキリストの委託の下に、罪の許しについて語るとき、この牧師は、慰めを得ようとする魂に「罪の許し」という言葉で、次の事実を教えています。――「そうです。今、あなたはキリストと生きいきとした関係をつくりました。あなたは地球に残した客観的な罪の許しをキリストと結びつけました。あなたがキリストを自分の中に生かそうとしているので、私は『あなたの罪は許された』と言うことができたのです」。

どこかの宗派の中で罪の許しについて語る人は、いつでも無言のうちに、「この人はキリストと関わりをもっている、心の中にキリストを担おうとしている」と信じて、語っているのです。ですから、罪の意識をもって向かってくる人に次のように言うことで、慰めを与えることができるのです。――「キリストはあなたを許すでしょう。キリストの名の下に、あなたの罪は許された、とあなたに言うことができます」。

キリストは人間が地球に残したものを生きいきと甦らせる存在です。唯一の罪の許し手であるこのキリストには、このようにして結びつくことができるのです。ですからキリストに仕える人は、内的にキリストと結びついていると感じとっている人に対して、「あなたの罪は許されている」と言って、慰めることができるのです。

「私の罪と償いをキリストは引き受けて下さる。キリストの本質を私の罪と償いに浸透させて下さる」。そう語ることができる人は、自分の魂とキリストとの関係から、いわば新たな力づけを受けとった人なのです。「罪の許し」が真実の言葉であるなら、いつでもその言葉の下で、罪人、負債者は、キリストとの結びつきを、新たにつくるのでなくても、少くとも思い出しているのです。

実際、魂とキリストとの間には深い結びつきができているので、魂はこの結びつきをいちいち意識していなくてもいいのです。すでに述べたように、キリストが人間の魂の客観的な罪と償いを引き受けてくれているので、魂はキリストとの関係を、日常生活の中でも、いつでも意識化できるのです。

愛する皆さん、キリストに浸透された霊学を本当に身につけることのできた人は、聴罪司祭にもなれるのです。そのときは、霊学を通してキリストをますます内密に感じとり、キリストを霊として直接感じとっているのですから。その人はあらためて宇宙原則としてのキリストに誓いを立て、心のうちでキリストに罪を告白し、静かな瞑想の中でキリストに罪の許しを請うでしょう。しかし、霊的な意味で深い霊学をまだ身につけていない間は、いわば外的な記しの下で行われる、世の諸宗教の言う「罪の許し」に理解をもたなければなりません。どんな人も、霊的にますます自由に、ますます霊的になっていくことで、キリストとの結びつきをますます密接にしていくのです。

ですから、寛容を学ばなければなりません。

ゴルゴタの秘蹟の神キリストを心の奥深くに受けとった人、キリストとの直接の対話を大切にすることによって、「あなたの罪は許された」という言葉で誰かに慰めを与える人は、具体的な規約を必要とする宗派としてのキリスト教の信者であろうとするすべての人をも理解できなければなりません。そして自分に対して不真面目な人がいても、寛容でなければなりません。

この世を生きるとき、そういうすべてはまだ理想にすぎないかもしれませんが、少くとも人智学徒はそういう理想に心を向ける必要があるのです。

愛する皆さん、私は皆さんに大切な霊学上の秘密を打ち明けました。これらの秘密は、すでに人智学をいろいろ学んだ人にも、人間存在の本質をより深く洞察させてくれます。

私は皆さんに、エゴイズムの克服について、カルマの正しい理解を可能にしてくれる事柄についてお話ししました。また、人間が自我の存在であるだけでなく、地球全体に属しており、神的な地球目標に向かって共に働く使命をもっている、ともお話ししました。キリストがこの世に降臨して、ゴルゴタの秘蹟を成就したのは、私たち一人ひとりのエゴイズムにとっての何かのためではありません。パウロの言葉「私ではなく、私の中のキリスト」を高次のエゴイズムに応えてくれる言葉だと思うとしたら、大変な間違いです。キリストは人類全体のために、地上のすべての人のために死んだのです。キリストは地球の霊となって、人間から流れ出る働きのすべてを救ってくれるのです。

こんにちの神学者たちの著作を読んでみると、こんな感想が浮かんできます。——一九世紀、二〇世紀の神学者たちは、とうとう中世の民間信仰を、キリストは地球から悪魔を追い払い、地球からルツィフェルを追放するためにこの世に現れた、という民間信仰を根絶やしにしてしまった。

こんにちの神学の中には啓蒙された唯物主義が存在しているのです。ただその唯物主義は自由率直に確信を述べようとはしていません。この暗黒の中世の人びとは、キリストがこの世に現れたのは、地上から悪魔を追い払うためだったと語っていた、とただ言うだけです。

真の啓蒙主義なら、私たちをこの単純で素朴な民間信仰へ立ち戻らせてくれるでしょう。なぜなら、キリストによって解放されていない地上のすべては、まだルツィフェルという悪魔に属しているのですから。私たちの中には、私たちのエゴの中に閉じ込められていない多くのものがあります。そういうすべての人間的なものがキリストと結びついて、全人類にとっての実りゆたかなものになるのです。

愛する皆さん、今回の考察を終えるに当って、今回の日々を共に過《すご》してくれたすべての人の魂のために、さらに次の言葉を申し上げたいのです。――私たちの作業が未来への希望と信頼を私たちの心の中に生かすことができますように。私たちは始めから、私たちの課題にキリストの意志を浸透させようと努めてきました。ですから、希望と信頼をこめて、こう語ることが許されると思います。――私たちの教義は、キリストが私たちに言おうとしたことにほかならない、と。「私は地球の時代が終わるまで、すべての日々にあなたたちのそばにいる」、というキリストの言葉を成就させるためにです。

私たちはただ、キリストから来る言葉に耳を傾けたかったのです。私たちはただ、キリストの約束通りに、霊的に聴き取ることのできた言葉を霊学として受け容れようとしているのです。

私たちは、キリスト教的＝教条的なものに支配されているからキリスト的だと思っているのではありません。霊学が私たちの中でキリスト化され、キリストの啓示になっていると思えるので、この霊学をキリスト的であると思っているのです。ですから、私たちと一緒にこのキリスト化された霊学を受容しようとする魂たちの中に芽生える霊学的衝動が、人類全体にとっても役立つものになってくれると信じています。

私たちの霊学運動の中の大切な部分は、見霊的な立場からすると、私たちの霊学を受容し、そして死の門を通った死者たちの賜《たまもの》でもあることが分かります。生前、霊学を受容した人たちが霊界から送ってくれているものが、今私たちの中に生きているのです。実際、その人たちは、自分自身のカルマの流れの中で、自分自身の進歩、成熟のために働いているだけではないのです。その人たちは、自分の魂の成果を他の人びとの魂の中に流し込もうとしています。私たちの霊学の作業が私たちの中で花を開いてくれるのは、「死者たち」が私たちと一緒に働いてくれているからなのです。

このことは、すでに一昨日、別の関連で申し上げました。しかし、今日は最終回ですので、最後に愛する皆さん、個人的に次のことをつけ加えさせていただきたいのです。——

このノルチェピングにおける私たちの協会支部で私がお話ししていたとき、私はこのノルチェピング支部と内的に深く結びついていた人物の良き霊をずっと感じ続けることができました。

ダニエルソン夫人の霊が、この支部の良き守護の天使となって、この支部の行事のすべてを見守ってくれているのです。彼女の霊は、上述した意味での「キリストの霊」なのです。この霊の存在に気づいた魂なら、決してこの霊から離れることはないでしょう。彼女の霊が守護霊となって今後もこの支部を守ってくれますように。きっとそうしてくれます。この支部で働いている魂たちがそのことを分かっているなら、きっとそうしてくれます。

愛する皆さん、心の奥底からのこの言葉で、今回の連続講義を閉じたいと思います。どうぞ私たちがここで始めた軌道に乗って、お互いに、一緒に、仕事を続けることができますように。

訳者あとがき

感覚的知覚と思考力を徹底的に深めることで、ほぼ五〇〇年にわたる自然科学とテクノロジーの進化・発展を可能にしてきた人類は、一九世紀後半以降、近代資本主義の成果を享受してきました。しかし、二一世紀の現在、その結果としての地球環境そのものの破壊を前にして、何もできずにいます。

近代合理主義を否定するのではなく、その状況を乗り超えていける価値観を、どうすれば見つけ出すことができるでしょうか。

そのひとつの重要な方向性を、ルドルフ・シュタイナーが提示しています。

今回、春秋社の高梨公明さんから、この観点からのシリーズを展開したい、との提案を受けた飯塚立人さんが、宗教、歴史、時代状況の三つの観点から、「危機の時代の人智学」という三冊のシリーズを用意してくれました。

今回、第一冊目の『アカシャ年代記による第五福音書』（一九一三年一〇月一日〜六日）は、題名が示す通り、文献学からまったく離れたシュタイナーの霊視体験による二〇世紀、二一世紀の時代のためのキリストのメッセージを扱っています。どの福音書にも出ていない一〇代後半から二〇代までのイエスの生活と、聖霊降臨以後のキリストの地球との深い結びつきがテーマになっています。

本書に収録されている、もうひとつの『キリストと人間の魂』（一九一四年七月一二日〜一六日）は、人間の心の中に神が生きている、もしくは神が人になる、とはどういうことか、という人間存在の本質に関わる問題が思いがけない観点から論じられています。「キリスト」という名で示唆されている偉大な神が、太古から現代まで、地上を生きるすべての人間の中に生きていること、したがってさまざまな神の名で呼ばれていることが強調されています。その神は人間の個人的なカルマに働きかけるのではなく、人類のカルマに働きかけているので、どんな意味でも、個人の利害打算ではなく、人類そのものの宇宙的な進化のために、人間の魂に関わってくれている、というのです。そして、どんな人もそれぞれ直接この人類の運命に関与しているので、どんな人も宇宙的にかけがえのない存在であることが、これ以上は考えられないくらい深い観点から論じられています。

宇宙神であるキリストは、ゴルゴタの秘蹟以降、地球に留まり続けて、現在も一人ひとりの心の中に生きて、人類と運命を共にしている、だから個人が生きるということには、二つの違った意味と目的がある、自分のためと人類のため、というのです。この二つの意味と目的について、『キリストと人間の魂』は、実に見事に語ってくれていますので、あらためて、『神秘学概論』の中心テーマである「宇宙の進化」の章を読み返してみたくなります。

なお、最後になりましたが、今回もシュタイナーの文献の出版を可能にして下さった春秋社の神田明社長に感謝しております。

二〇二一年七月二一日

高橋　巖

プロフィール

ルドルフ・シュタイナー　Rudolf Steiner（1861-1925）
ハンガリーのクラリエヴィェベック（現クロアチア）に生まれる。ウィーン工科大学卒業。ゲーテ学者、哲学者として活躍した後、1902年、神智学協会ドイツ支部書記長に就任。13年、神智学協会を離れ、人智学協会を設立。霊学的観点から新たな総合文化の必要性を説き、その影響は宗教、芸術、教育、医療、農法、経済など、広範な分野に及ぶ。1925年、スイス・ドルナハにて逝去。著書・講演録多数。

高橋　巖　Iwao Takahashi
東京、代々木に生まれる。慶應義塾大学文学部大学院修了後、ドイツに留学。ミュンヘンでドイツ・ロマン派美学を学ぶなか、シュタイナー思想に出会う。1973年まで慶應義塾大学で教鞭をとる（美学・西洋美術史を担当）。1985年、日本人智学協会を設立。著書に『神秘学講義』『シュタイナー哲学入門』ほか、訳書に『シュタイナー・コレクション』全7巻、『秘教講義』全4巻ほか。

アカシャ研究による 第五福音書 危機の時代の人智学 1

2021年 8 月30日 第 1 刷発行

著　者＝ルドルフ・シュタイナー
訳　者＝高橋　巖
発行者＝神田　明
発行所＝株式会社　春秋社
〒 101-0021 東京都千代田区外神田 2-18-6
電話　(03)3255-9611（営業）
(03)3255-9614（編集）
振替　00180-6-24861
https://www.shunjusha.co.jp/
印刷所＝株式会社　太平印刷社
製本所＝ナショナル製本協同組合
装　丁＝本田　進

ISBN978-4-393-32556-8 C0010　定価はカバーに表示してあります。